René Borbonus

Die Kunst, ein freundlicher Mensch zu sein

RENÉ BORBONUS ist Spezialist für Rhetorik und Kommunikation. Topmanager und Politiker lassen sich von ihm ausbilden und auf schwierige Gespräche vorbereiten.

René Borbonus

DIE KUNST, EIN FREUNDLICHER MENSCH ZU SEIN

95 einfache Wege, um Respekt,
Zuwendung und Wohlwollen
in die Welt zu tragen

Econ

Bei Fragen zur Produktsicherheit wenden Sie sich bitte an
produktsicherheit@ullstein.de

Wir verpflichten uns zu Nachhaltigkeit
- Papiere aus nachhaltiger Waldwirtschaft und anderen kontrollierten Quellen
- Druckfarben auf pflanzlicher Basis
- ullstein.de/nachhaltigkeit

Besuchen Sie uns im Internet:
www.ullstein.de

MIX
Papier
FSC FSC® C014496

Econ ist ein Verlag
der Ullstein Buchverlage GmbH
3. Auflage 2024
ISBN: 978-3-430-21124-6

Alle Illustrationen im Innenteil © Olesja Reiser
Umschlaggestaltung: Brian Barth, Berlin
Covermotiv: © Ma-ja88 / Shutterstock
Redaktion: Dr. Annalisa Viviani, München
Satz und Gestaltung: LVD GmbH, Berlin
Gesetzt aus der Adobe Garamond Pro
Satz: LVD GmbH, Berlin
Druck und Bindearbeiten: GGP Media GmbH, Pößneck

Inhalt

Einleitung

Wer freundlich lebt, lebt besser

Was ist der einfachste Weg, von anderen so behandelt zu werden, wie man es sich wünscht – und gleichzeitig weniger von dem aushalten zu müssen, was man schwer erträgt?

Die Antwort lässt sich in ein einziges Wort fassen: Freundlichkeit.

Im Grunde lernen wir von Kindesbeinen an, dass freundliches Verhalten anderen Menschen gegenüber erwünscht ist. Leider gehört dieser Grundsatz aus dem Einmaleins der guten Erziehung eher zum Pflichtkatalog des menschlichen Miteinanders. Unsere Eltern legen großen Wert darauf, dass wir zum Beispiel höflich Danke sagen, wenn wir etwas bekommen, und dass man Nachbarn im Treppenhaus grüßt. Freundlichkeit wird uns als eine Art Gebot vermittelt, gegen das man nicht verstoßen sollte.

Wie sinnvoll und klug es ist, der Welt freundlich zu begegnen, verstehen viele von uns dagegen erst, wenn sie gemerkt haben, dass man manches im Leben nicht erzwingen und schon gar nicht alles kaufen kann, was man sich wünscht. Die Macht der Freundlichkeit umgibt uns jeden Tag, wenn wir sie nur sehen wollen. Ein gutes Wort kann aus Nachbarn Freunde machen, erschöpfte Menschen wieder aufrichten und Ladenöffnungszeiten aushebeln.

Freundlichkeit ist eine Voraussetzung für gelingende soziale Kontakte. Beziehungen gestalten Lebensqualität – und Kommunikation gestaltet Beziehungen. Wer sich warmherzig und zuvorkommend zeigt, wirkt sympathisch und ist beliebter als Menschen, die sich übermäßig selbstbewusst verhalten und andere ihre Unabhängigkeit spüren lassen. Das hat ein Experiment der Universitäten Leipzig und Witten-Herdecke gezeigt.[1]

Zum anderen wird durch freundliche Handlungen ein Hormoncocktail von Glücklichmachern ausgeschüttet: Oxytocin, Serotonin und Dopamin heben unsere Stimmung, erhöhen Belohnungsreize und reduzieren Stress. Freundliches Verhalten hilft also nicht nur anderen – es hat auch extrem positive Auswirkungen auf uns selbst.[2]

Folgt man den Thesen der Epigenetik – einem Forschungsfeld, das noch in den Kinderschuhen steckt –, werden positive wie negative seelische Erfahrungen in Form molekularer Veränderungen in unseren Zellkernen gespeichert und nehmen von dort aus Einfluss auf unsere körperliche Entwicklung, etwa in Form der Entstehung oder Überwindung von Krankheiten. Stimmen die Vermutungen der Forscher, würde das bedeuten, dass wir mit unserem Verhalten direkten Einfluss auf unsere körperliche Gesundheit nehmen – eine faszinierende Vorstellung.[3]

Außer Frage steht, dass es uns subjektiv besser geht, wenn wir freundliche Interaktion mit anderen erleben. Sogenannte »Random Acts of Kindness« – »spontane Akte der Freundlichkeit« – sind deshalb genauso klug wie beliebt: Wir mögen Menschen, die freundlich zu anderen sind, und wir sind eher bereit, sie im Gegenzug zu unterstützen.

Gelegenheit für Freundlichkeit finden wir in unseren Gesprächen mit Familie, Freunden, Fremden, Kolleginnen und in Zufallsbegegnungen. Bevor ich Ihnen 95 Wege zeige, in Ihren täglichen Begegnungen freundlich zu sein, möchte ich einen weiteren gern vorwegnehmen: Wer anerkennt, dass unterschiedliche Menschen unterschiedliche Vorstellungen haben, wird stets als freundlich wahrgenommen werden. So gibt es Menschen, die sich von komplizierten Sprachnormen gestört fühlen, und Menschen, die Wert auf die richtige Ansprache legen. Ich habe Verständnis für beide Seiten. Deshalb gendere ich in diesem Buch auf eine unkonventionelle Art, die sich in meinem Alltag als Kommunikationstrainer bewährt hat: Ich verwende mal die weibliche und mal die männliche Form. Damit ist jedem gedient und niemandem geschadet. Ein freundlicher Kompromiss ist manchmal alles, was es braucht, um eine Annäherung zu erreichen.

In diesem Geiste schreibe ich in diesem Buch über Kommunikation – in der Hoffnung, dass es Sie gleichzeitig inspiriert und unterstützt. 95 Wege, ein freundlicher Mensch zu sein, ist Alltagsbetrachtung und Alltagshilfe zugleich. Der größte Wunsch, den ich mit dieser Veröffentlichung verbinde, ist jedoch noch eine Nummer größer: Freundliche Kommunikation funktioniert, weil sie Freude macht. Ich habe dieses Buch geschrieben, damit auch Sie die Kraft der Freundlichkeit an Leib und Seele erfahren können – durch tiefere Begegnungen, wachsende Beziehungen und unvergessliche Momente im Zusammenleben mit anderen Menschen.

Schön, sympathisch und klug: Wenn es hier um einen Menschen gehen würde und nicht um eine Haltung, müsste ich niemanden von einem Date mit der Freundlichkeit überzeugen.

Kommen Sie gut an!
Ihr
René Borbonus

95
einfache Wege, freundlich zu sein

1. Der Klügere ist freundlich

Wie viel Wärme von ein klein wenig Freundlichkeit abstrahlen kann, habe ich früh im Leben erfahren. Dafür bin ich bis heute dankbar. Als junger Mann habe ich in einem Pflegeheim gearbeitet, zunächst als Zivildienstleistender, später als Aushilfe. Von 7 bis 14 Uhr habe ich mit den alten Menschen nicht gearbeitet, sondern gelebt.

Jeden Morgen habe ich sie gewaschen, angezogen und gefüttert, aber nicht nur das: Ich habe sie begleitet. Einmal in mein Leben getreten, konnte ich sie nach Feierabend nicht einfach abschütteln. An Weihnachten habe ich sie besucht, um einen Tee mit ihnen zu trinken, ein kleines Präsent zu besorgen, einen Spaziergang zu machen. Einer Bewohnerin habe ich einen alten Kassettenrekorder geschenkt, den ich nicht mehr brauchte. Monatelang sprach sie von nichts anderem mehr, lieh sich überall Kassetten aus, erzählte mir von Hörspielen.

In dieser Zeit mit »meinen Alten« habe ich gelernt, wie weit ein kleines bisschen Freundlichkeit tragen kann. Ich durfte spüren, wie wenig es braucht, um Menschen glücklich zu machen. Und damit meine ich eben nicht nur die alten Menschen, denen ich schon mit einer kleinen Geste oder einem freundlichen Wort einen der wenigen Tage versüßen konnte, die ihnen noch blieben. Ich meine damit auch mich selbst. Denn am meisten, das habe ich Jahre später im Rückblick auf diesen wichtigen Lebensabschnitt erkannt, habe ich selbst von dieser Erfahrung profitiert. Denn da habe ich zum ersten Mal verstanden, dass Kommunikation nie eine Einbahnstraße ist.

Ich habe damals keine Reden vor großem Publikum gehalten, keine Weltstars oder Politiker auf große Auftritte vorbereitet und keine Gruppen von hochkarätigen Entscheidungsträgern trainiert. Ich habe mit alten Menschen, die vom Leben entwöhnt waren, über alltägliche Banalitäten gesprochen und ihnen bei den grundlegendsten Verrichtungen geholfen. Und zurück bekam ich von diesen alten Menschen Dankbarkeit, Anerkennung, Hoffnung, geteilte Freude über schöne Momente und Freundlichkeit im täglichen Miteinander, die natürlich auch mir die Arbeit schöner und das Leben leichter machte.

Oft heißt es, Geben sei seliger als Nehmen. Meine Erfahrung ist: Wer gibt, dem wird gegeben – eine Nussschale Freundlichkeit, eine Wagenladung Dankbarkeit. In unserem Stationszimmer hing ein Bild mit dem Satz: »Helfen macht froh.« Ich habe in meinem Leben wenige Wahrheiten tiefer empfunden als diese. Nur im Spiegel anderer Menschen erkennen wir, dass wir wirken und Spuren hinterlassen. Das ist nicht nur ein Erfahrungswert, sondern auch wissenschaftlich überprüft. Eine sozialpsychologische Studie aus dem Jahr 2018 hat bewiesen, dass freiwilliges Helfen ein »Helper's High« erzeugt, von dem die Helfenden psychologisch profitieren.[4] Sogar der Körper reagiert positiv – mit niedrigerem Blutdruck, höherem Selbstwertgefühl, geringerem Stressempfinden und sogar höherer Lebenserwartung. Häufigste Nebenwirkung: größere Zufriedenheit.

Wer besser leben will, der gebe mehr. Das Prinzip Freundlichkeit ist am Ende nichts anderes als die Anwendung dieser Erkenntnis auf die Kommunikation.

Freundlichkeit ist nicht nur schön – sie ist auch sehr klug.

2. Freundliche Haltung und freundliches Verhalten unterscheiden

Vor Jahren habe ich mit meinen Kindern, die damals noch klein waren, eine Eselstour durch die Uckermark gemacht. Bei dieser Gelegenheit habe ich gelernt: Die Frage, an welchem Ende vom Strick der Esel läuft, bleibt in der Kommunikation oft bis zum Schluss spannend.

Wir kamen an diesem Tag durch eine ganze Reihe von verwunschenen, kleinen Dörfchen. In diesen Ortschaften, tief im Herzen von Mecklenburg verkapselt, schien die Zeit stillzustehen: von modernen Innenstädten keine Spur. Oft kreuzte von einem Ende des Ortes zum anderen kaum eine Menschenseele unseren Weg. In einem solchen Umfeld wird jedes Gespräch gefühlt gleich noch bedeutungsvoller: Wo wenig gesprochen wird, bedeutet das einzelne Wort noch mehr.

In einem Dorf machten wir vor einem winzigen Tante-Emma-Laden Station – dem einzigen Geschäft am Ort. In den Regalen zwei Tüten Mehl, drei Packungen H-Milch, ein Stück Seife. Aber eine Kühltruhe gab es. Ich kaufte drei Eis für mich und meine Kinder, Kosten: 1,50 Euro.

Die Ladenbetreiberin war um die 80 – eine alte Frau, die ihr kleines Reich ungeachtet ihres fortgeschrittenen Alters mit Stolz führte. Wahrscheinlich kannte sie, tourende Esel und ihre Begleiter ausgenommen, all ihre Kunden persönlich.

Ich legte eine 2-Euro-Münze auf die Theke und sagte: »Stimmt so.«

Sie sah mich an, lächelte verlegen und antwortete: »Jetzt beschämen Sie mich.«

An diesem Tag habe ich verstanden, dass freundlich sein

zu wollen und sich tatsächlich freundlich zu verhalten zwei verschiedene Dinge sind.

Mit meinem kleinen Trinkgeld wollte ich einen freundlichen Impuls setzen: Wenigstens weiß der Fremde sich zu benehmen, wenn er schon mit zwei aufgedrehten Kindern und einem protestierenden Esel durch die Dorfidylle zieht. Doch die alte Dame war nicht erfreut, sie war unangenehm berührt. Von meinem überzogenen Trinkgeld fühlte sie sich herabgesetzt. Freundlichkeit hat wie jede Form der zwischenmenschlichen Interaktion eine Absenderin und eine Empfängerin – und der Erfolg der Kommunikation entscheidet sich letztlich immer bei Letzterer. Das Beispiel zeigt deutlich: Ich wollte Freundlichkeit senden, die Empfängerin spürte Herablassung.

Was ich für freundliches Verhalten halte, müssen andere noch längst nicht so empfinden. »Der Wille zählt«, lautet ein altes Sprichwort – und es stimmt oft einfach nicht. Wirklich freundlich zu sein hört nicht bei der Haltung auf, sondern muss bis in die Verhaltensebene reichen und vor dem Sprechen bedenken, wie die Worte oder die Geste auf das Gegenüber wirken mögen.

Nicht das, was wir senden wollen, ist Freundlichkeit, sondern das, was ankommt.

3. Perfektion aufgeben

Menschen sind fehlbar – auch und gerade in der Begegnung mit anderen. Gerade wenn ein Mensch oder ein Gespräch uns besonders wichtig ist, setzen wir oft zu hohe Erwartungen in die Beziehung und unsere Interaktion. Das führt immer wieder dazu, dass wir nicht unser bestes Selbst zeigen, wenn wir es darauf anlegen – weil der Anspruch an das sendende Ich einfach zu hoch ist.

Bedauerlich ist daran, dass wir damit genau das Gegenteil von dem erreichen, was wir bezwecken: Perfektion verbindet nicht, Perfektion trennt. Besonders in der Kommunikation. Eine Verbindung entsteht, wenn es menschelt. Da sind Macken und Makel eher hilfreich als hinderlich. Andere sind uns ja auch sympathischer, wenn sie sich als Mensch mit Ecken und Kanten zeigen und nicht als fehlerfreier Interaktionsroboter. Der würde auf uns nämlich genauso wirken wie die sogenannte Kundenerfahrung bei einer vollständig automatisierten Service-Hotline: unzugänglich, distanziert und lieblos.

Wozu also all unsere Energie darauf verschwenden, uns als perfekt zeigen zu wollen? Abgesehen davon, dass das in der Regel sowieso nicht funktionieren wird, weil menschliche Interaktion eben nicht vorprogrammiert werden kann wie eine künstliche Intelligenz.

Ein gutes Beispiel für den Unterschied zwischen Makellosigkeit und Zugänglichkeit sind die sogenannten Outtakes, also Ausschnitte von Patzern und Pannen, welche die Kamera bei Fernsehsendungen, YouTubern oder bei den Dreharbeiten von Filmen und Serien eingefangen hat. Besonders beliebt sind in den sozialen Medien Outtakes von Sendungen, die sich normalerweise durch ihre nüchterne Perfektion auszeichnen – wie etwa die Tagesschau. Aus diesem Grund hat etwa ein Clip von Tagesschau-Moderatorin Susanne Daubner Millionen von Klicks, in dem die normalerweise perfekt stimmungsnivellierte Sprecherin mitten in der Moderation einen massiven Lachanfall bekommt und sich derart lange nicht wieder in den Griff bekommt, dass sie sich am Ende selbst mit einem »och, menno« kommentiert und sich eine Träne aus dem kameraoptimierten Make-up wischt.

Professionell sind die Nachrichten immer. Freundlich sind sie in diesen Zeiten nur selten. Susanne Daubner, das Gesicht der Nachrichten, wird in diesem Moment für uns Zuschauer zu einem freundlichen Gesicht – zu einem Menschen aus Fleisch und Blut.

Freundlichkeit kann kann das ganze Beziehungsgefüge entzerren, indem man sich einfach als Mensch unter Menschen versteht. Was auch immer es zu besprechen, auszuhandeln und zu verkünden gibt: Der eigene Anspruch sollte uns dabei nicht im Weg stehen. Es ist befreiend, sich vom Perfektionszwang zu lösen. Andere sind genauso wenig vollkommen – darauf können wir uns stets verlassen. Wer sich locker macht, erleichtert es auch anderen, sich als Mensch zu zeigen.

Wer auf Perfektion verzichtet, kommt anderen näher.

4. Präsent sein

Keine Erfahrung in meinem Leben hat mich die Bedeutung von Präsenz eindrucksvoller gelehrt als eine Episode mit meinen Kindern vor einigen Jahren. Während sie im Spiel um mich herumtobten, war ich auf dem Sofa sitzend in mein Smartphone vertieft. Schon mehrfach hatten die beiden mich aufgefordert, mitzumachen, doch ich war zu abgelenkt.

Natürlich habe ich immer gute Gründe, warum ich meine Mails checken muss – irgendwie kann man sich seine geistige Abwesenheit schönreden: Es ist meine Arbeit, es ist mein Unternehmen, ich verdiene damit unser Geld, ich trage auch für meine Mitarbeitenden und Kunden Verantwortung und so weiter, und so fort.

Was ist also wichtiger: Zu allen Menschen gleichzeitig freundlich zu sein oder nur zu denen, die man gerade um sich hat? Kann man Freundlichkeit aufteilen wie einen Kuchen? Und wenn ja, wer verdient das größte Stück?

Natürlich ist Freundlichkeit situationsgebunden: Man kann nicht immer für alle Menschen gleichzeitig im selben Maße achtsam sein. Doch in der Regel ist es nicht schwierig, seine Aufmerksamkeit situativ angemessen zu verteilen. Präsent sein heißt, den Augenblick bewusst zu erleben.

An jenem Tag brauchte mein jüngerer Sohn genau einen Satz, um mir zu demonstrieren: All die Ausreden für permanente Erreichbarkeit verblassen, wenn man sie in Kontrast zu dem setzt, was wirklich zählt. Johann kam zu mir gelaufen, fasste mich am Arm und wartete auf Blickkontakt – wie er das häufig tut, wenn er etwas Wichtiges zu verkünden hat. Und dann sagte er mit glühenden Augen: »Papa, wenn ich groß bin, will ich auch mal ein Handy haben!«

In diesem Moment war ich so entsetzt, so angewidert von mir selbst, dass ich erst einmal kurz aus dem Raum gehen musste. Wie unfreundlich, ja kontaktfeindlich zeigte ich mich meinen Söhnen, obwohl ich körperlich anwesend war?

Bevor ich mich ihnen wieder zeigen und endlich in ihr Spiel einsteigen konnte, musste ich emotional erst einmal mit mir selbst wieder klarkommen.

Oft braucht es unseren Nachwuchs als Stimme der Vernunft, um uns als Erwachsene wieder zur Räson zu rufen. Es ist schon absurd: Wir haben Angst, dass unsere Kinder zu viel Zeit mit dem Smartphone verbringen. Und warum? Weil wir wollen, dass sie im Moment präsent sind und am Familienleben teilnehmen. Damit sie von uns lernen und mit uns leben können, anstatt sich schlechte Gewohnheiten bei Fremden abzuschauen. Und was leben wir ihnen vor?

Auch wenn der Begriff besonders in diesem Zusammenhang viel strapaziert wird: Präsenz ist nicht einfach eine trendige Achtsamkeitsübung für gestresste Führungskräfte mit dem Ziel der innerbetrieblichen Leistungsoptimierung. Präsenz ist auch mehr als eine Empfehlung in der Paartherapie, um einander wieder näherzukommen und die Bedürfnisse des anderen besser wahrzunehmen. Und Präsenz ist ganz sicher mehr als eine antrainierte Bühnenkompetenz, denn mehr als die Wirkung zählt dabei die Bereitschaft zu einer tieferen Verbindung.

Präsenz ist die Voraussetzung für geteiltes Leben.

5. Flexibel bleiben

Zu den Angewohnheiten, die uns in der Kommunikation unfreundlich erscheinen lassen, gehört die Unflexibilität, die wir im Laufe unseres Lebens verstärkt einnehmen – sowohl Menschen als auch Themen gegenüber. Sie kann sich als Ungeduld, Desinteresse oder sogar Abneigung ausdrücken.

Es gibt verschiedene Gründe dafür, warum wir das tun. Einer ist der »Fluch des Wissens«: Wir vergessen mit der Zeit, wie es früher ohne all das Wissen war, das wir im Laufe der Zeit angesammelt haben. Kommen wir mit Menschen ins Gespräch, die eine andere Vorgeschichte haben und mit unseren Interessen und nicht zuletzt auch unserem Jargon nichts anfangen können, sind wir schnell versucht zu urteilen: Dieser Mensch spricht nicht dieselbe Sprache, also nehme ich lieber Abstand.

In manchen Umfeldern hat man regelrecht das Gefühl, man habe es mit einer Geheimsprache zu tun. Als ich einmal ein Training in Karlsruhe durchführte, hatte ich es mit einer Gruppe von Mitarbeitern eines Mobilfunkanbieters zu tun, die sich den ganzen Tag technische Abkürzungen an den Kopf warfen. Weil das bei ihnen so üblich war, kürzten sie allerdings auch alles andere ab – eine Angewohnheit, die für mich als Außenstehenden sehr befremdlich war. Als einer der Teilnehmer sich frühzeitig aus dem Training verabschiedete, entschuldigte er sich mit den Worten: »Tut mir leid, ich muss noch in die EFS.« Ich dachte schon, der hat etwas Schlimmes. Wie sich später herausstellte, war mit »EFS« einfach nur die Ernst-Frey-Straße gemeint.

Auch der Kommunikationsstil eines Menschen kann ein Auslöser sein, warum wir aufhören, zuzuhören – und damit vielleicht den Zugang zu einem interessanten Kontakt verlieren oder sogar eine Chance verpassen. So gibt es Vorgesetzte, die sehr minimalistisch kommunizieren. Das kann sich etwa darin äußern, dass sie nicht oder wenig loben. Das muss aber nicht heißen, dass sie trotzdem nicht von der Leistung ihrer Mitarbeitenden überzeugt oder sogar begeistert sind und ihnen bereitwillig die Tür öffnen, wenn die nächste Runde Beförderungen ansteht.

Ich bin seit vielen Jahren mit Christian Bischoff befreundet – einem Redner und Trainerkollegen, der ganz anders lebt, arbeitet und spricht als ich selbst. Manch einer wundert sich sogar über unsere Verbindung, so groß sind die äußerlichen Differenzen. Doch gerade deshalb fühle ich mich von dieser Freundschaft auf positive Weise gefordert, erfüllt und inspiriert.

Menschen kommunizieren auf unterschiedliche Weise. Sich dessen bewusst zu sein, kann viele Missverständnisse vermeiden, aber auch eine respektvolle Haltung gegenüber Unterschiedlichkeiten fördern. Wer sich immer nur mit Menschen austauscht, die gleich ticken, engt seinen Horizont und seine Möglichkeiten im Leben stark ein.

Schließlich neigen wir aufgrund unserer übertakteten Lebensentwürfe und unseres chronischen Zeitmangels heute dazu, Themen voreilig als uninteressant abzustempeln. Diese schlechte Angewohnheit lässt sich – ebenso wie die vorgenannten – ablegen, indem man sich bewusst vornimmt, allen Arten von Themen und auch Menschen mit verschiedenen Kommunikationsstilen zuzuhören. So etwas wie belanglose Themen oder langweilige Absender gibt es nicht – nur desinteressierte Empfänger.

Ob etwas oder jemand interessant ist, entscheidet sich beim Zuhörenden.

6. Freundliche Worte wählen

Die kleinteiligste Ebene der freundlichen Kommunikation ist die Wortwahl. Eigentlich ist das offensichtlich: Wenn wir freundliche Worte an jemanden richten wollen, kommt es in hohem Maße auf das einzelne Wort an. Und doch haben wir manchmal Schwierigkeiten, die richtigen Worte für eine bestimmte Situation zu wählen – auch wenn wir gerade besonders nett zu jemandem sein möchten.

Für dieses Paradoxon gibt es mehrere Gründe. Einer besteht darin, dass unsere Muttersprache so reich an Auswahlmöglichkeiten ist. Oft gibt es eine ganze Reihe von Möglichkeiten, ein und dieselbe Aussage zu tätigen. Darauf werden wir im Deutschunterricht hingewiesen ebenso wie darauf, dass wir in aufeinanderfolgenden Sätzen nicht ständig dasselbe Wort wählen mögen. Auf diese Weise lernen wir, unsere Wortwahl ein Stück weit zu variieren. Was uns jedoch niemand nahebringt, ist, wie unterschiedlich verschiedene Wörter wirken können, auch wenn sie per Definition ungefähr auf dasselbe hinauslaufen. Es macht einen großen Unterschied, ob ich sage: »Das hast du gut gemacht!« oder »Das hast du nicht schlecht gemacht!«. Im Grunde bedeuten beide Komplimente dasselbe, aber sie wirken sehr unterschiedlich.

Diese Bedeutungsnuancen sind zudem, und das ist der zweite Grund, äußerst individuell: Wer selten ein Kompliment bekommt, mag sich über jede dieser Aussagen mehr freuen als jemand, der regelmäßig über den grünen Klee gelobt wird. Was der eine als freundlich betrachtet, mag dem anderen regelrecht unfreundlich erscheinen: Was heißt hier »nicht schlecht«?

Ein dritter Grund für unsere Schwierigkeiten mit der richtigen Wortwahl ist die Tatsache, dass wir für bestimmte

Worte zunehmend abstumpfen, weil sie überfrequentiert sind. Ein Beispiel ist der Ausdruck »krass«. Der diente ursprünglich dazu, auszudrücken, dass etwas in starkem Kontrast zu etwas anderem steht, also vergleichsweise extrem ist. Inzwischen bezeichnen wir es schon als »krass«, wenn sich der Benzinpreis an zwei gegenüberliegenden Tankstellen um einen Cent unterscheidet.

Eine freundliche Wortwahl ist also von verschiedenen Faktoren abhängig. Dazu gehören unter anderen:

- Sprachrepertoire von Sender und Empfänger
- Individuelle Sprachgewohnheiten
- Persönliche Wahrnehmung von Sprachmustern
- Situative Wahrnehmung einer Aussage
- Sprachtrends.

Im Alltag werden wir die Aussagen anderer in der Regel nicht auf diesem Niveau analysieren und Zeit haben, uns darauf mit der individuellen Wortwahl einzustellen. Dennoch ist es sehr hilfreich, sich der Tatsache bewusst zu sein, dass Menschen Worte unterschiedlich wahrnehmen und wir mit einer konkreten Wortwahl durchaus individuelle Nuancen von Freundlichkeit transportieren können.

Es ist ausgesprochen freundlich, sich einer achtsamen Wortwahl zu bedienen, wenn man zum Beispiel ein Kompliment macht, jemanden trösten möchte oder ermutigende Worte an den Gesprächspartner richtet. Freuen sich Mitarbeitende von einem strengen Vorgesetzten möglicherweise schon über ein »nicht übel!«, braucht das Vorschulkind vielleicht doch eher ein »große Klasse!«, um sich tatsächlich motiviert zu fühlen. Reicht beim Kinobesuch unter der Woche vielleicht schon mal ein kleines Kompliment wie »hübsche Jeans, Schatz!«, braucht es fünf Minuten vor dem

Gang zum Altar vielleicht doch eher eine Formulierung wie »Du siehst atemberaubend aus!«, damit die geplante Trauung wirklich stattfindet.

Etwas Freundliches zu sagen, ist gut gemeint; freundliche Worte zu wählen, ist gut gemacht.

7. Reizworte meiden

Menschen fühlen sich unfreundlich behandelt, wenn sie Worte hören, die schlechte Gefühle bei ihnen auslösen. Wenn bestimmte Reizworte fallen, ist es mit der Sachlichkeit schnell vorbei: Der innere Widerstand fährt hoch, eine irrationale Emotion wie Abscheu oder Wut übernimmt, und plötzlich will man nur noch dagegenhalten. Nicht nur ein gutes Gesprächsklima, auch Kooperation ist dann oft nicht mehr zu erwarten.

Sich das vor Augen zu halten, hilft schon, viele Unfreundlichkeiten des Alltags zu vermeiden, als freundlicherer Mensch wahrgenommen zu werden – und in der Konsequenz einen einfacheren, reibungsloseren Umgang mit anderen Menschen zu erleben. Das ist schließlich der angenehme

Nebeneffekt freundlicher Kommunikation, wenn man Gespräche zweckmäßig betrachtet: besser bei Menschen anzukommen, mit denen wir auskommen wollen oder müssen oder auf deren Kooperation wir angewiesen sind.

Doch wie finden wir heraus, welcher Anteil dessen, was wir an einem ganz normalen Tag sagen, auf andere unangenehm oder sogar provokant wirkt?

Im Grunde gilt es, sich diese Frage bei jedem einzelnen Gesprächspartner und in jedem Gespräch, in dem es zu Widerständen kommt, individuell zu stellen. Unterschiedliche Menschen reagieren auf unterschiedliche Ausdrücke genervt oder enttäuscht. Wenn einigermaßen sicher auszuschließen ist, dass das Problem nicht im Inhalt einer Äußerung liegt, sondern in der Formulierung, empfiehlt es sich, einfach mal auf den verwendeten Wörtern herumzukauen.

Es gibt verschiedene Arten von Reizwörtern, die aus unterschiedlichen Gründen, auch situationsbedingt und je nach Typ, einen negativen Reiz setzen können. Das kann sowohl unbewusst geschehen, was öfter vorkommt, als auch eine bewusste Reaktion hervorrufen, weil jemand ein bestimmtes Wort nicht ausstehen kann und daraus Rückschlüsse auf den Menschen zieht, der es verwendet. Eine solche Reaktion ist natürlich nicht immer angemessen, aber das macht für die Wirkung und den Effekt auf die Verständigung leider keinen Unterschied.

Sehr häufig reagieren Menschen auf einige typische Reizworte empfindlich – auch wenn es meist nur die fehlerhafte Verwendung ist, die sie problematisch macht. So ist das Wörtchen »aber« für manche Sprachminimalisten schon beinahe tabu. Dabei hat es natürlich seinen Platz im Duden und in unserem Wortschatz, solange man es richtig einsetzt – nämlich kontrastierend. Auch das Wort »nein« versuchen manche Menschen komplett zu meiden, obwohl das langfristig betrachtet weder möglich noch hilfreich für die Seelenhygiene ist.

Oft unbewusst wirken bestimmte Ausdrücke und Redewendungen, die wir wie selbstverständlich benutzen, ohne uns über ihre Herkunft und die unterschwellig mitschwingenden Assoziationen Gedanken zu machen, die sie auslösen. Zum Beispiel gibt es im Deutschen eine ganze Reihe von Kriegsmetaphern aus früheren Zeiten, die wir unbedacht auch in ganz und gar friedlichen Kontexten in unsere Äußerungen mischen. Damit verpassen wir unseren Aussagen schon mal einen unangenehmen Beigeschmack. Zu diesen unbewusst kriegerischen Formulierungen gehören Ausdrücke wie: »einen Anschlag auf jemanden vorhaben«, »Nebenkriegsschauplatz«, »auf etwas abzielen«, »zum Rundumschlag ausholen«, »Argumente niedermachen«, »an Boden gewinnen« und viele andere.[5] Und dann wundern wir uns, wenn mancher sich »angegriffen« fühlt?

Einige Ausdrücke schüren einen Widerstand in uns, ohne dass wir es erklären könnten. Das kann daran liegen, dass wir bestimmte Formulierungen schon ganz früh in unserer Sozialisierung verabscheuen lernen. Manche Reizworte stammen aus unserer Erziehung: aus den Zeiten, als wir noch gar nichts durften, aber ganz viel mussten. »Du musst noch Hausaufgaben machen!« Wenn man so etwas oft genug gehört hat, entwickelt man eine Abneigung gegen »müssen«. Auch das Unbehagen vieler mit dem Wörtchen »nein« kann so begründet sein: Schließlich hören wir es als Kinder von morgens bis abends, wenn wir etwas falsch machen oder etwas Spannendes unterlassen sollen. Ein Tipp für eine sprachbewusstere Erziehung ist deshalb, solche Reizworte so oft wie möglich auch Kindern gegenüber zu vermeiden. Wenn das Kind im Laden etwas Zerbrechliches aus dem Regal nimmt, kann man statt »Nein!« auch sagen: »Nur schauen!«

Reizworte zu meiden, ist im Grunde nicht schwierig, denn die Abneigung ihnen gegenüber ist meistens leicht nachvollziehbar. Letztlich ist es eine Frage der Routine, den eigenen Sprachgebrauch zu reflektieren und auf Äußerungen herumzukauen, auf die andere negativ reagieren. In den meisten Fällen werden wir feststellen, dass wir ähnlich empfinden.

Alternativen sind in der Regel leicht zu finden: Das Wörtchen »nein« kann man in vielen Fällen ersatzlos streichen. Das Wort »müssen« wird im Grunde auch selten gebraucht. Man kann einfach eine konkrete Aufforderung formulieren: »Bitte schick die E-Mail heute noch raus.« Statt »Du hast schon wieder deinen Schlüssel liegen lassen« kann man einfach eine reine Information kommunizieren: »Schatz, dein Schlüssel.«

Die wenigsten Reizworte sind tatsächlich alternativlos. Sie wegzulassen, lässt uns sofort freundlicher wirken.

Reizworte schmeckt man heraus, sobald man auf ihnen herumkaut.

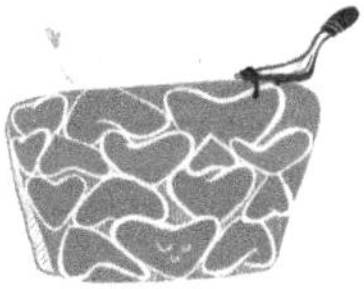

8. Komplimente machen

Ein Kompliment kann einer Person den Tag versüßen, den Grundstein für eine neue Freundschaft legen oder die Welt einfach freundlicher gestalten. Warum also zögern Menschen, mehr Komplimente zu machen? Möglicherweise liegt es daran, dass sie die Wirkung ihrer Worte fehleinschätzen. In mehreren Studien haben die Wissenschaftler Boothby und Bohns diese Frage untersucht.[6]

Das Ergebnis: In der ersten Studie zeigte sich, dass die Komplimentemacher unterschätzen, wie positiv sich die Person fühlen würde, der sie ein Kompliment machten. Was wir dagegen tendenziell überschätzen, ist das Risiko, dass die empfangende Person sich von dem Kompliment belästigt fühlen könnte. Die Gefahr, dass jemand sich durch etwas, das wir sagen, schlecht fühlen könnte, überwiegt in unserer Wahrnehmung also die Hoffnung, dass unsere Worte für gute Gefühle sorgen könnten.

Kaum etwas fällt Menschen schwerer, als ihre eigene Wirkung realistisch einzuschätzen. Zu oft verzichten wir auf Interaktion, weil wir unsicher sind, wie sie beim anderen ankommen wird. Aber wer hat schon etwas gegen ein freundliches Wort einzuwenden?

Trotz der beschriebenen Sorge der Komplimentemacherinnen konnten die beiden Forscher in allen Studien feststellen, dass die Empfänger sich nach dem Aussprechen des Kompliments immer besser fühlten. Die Angst, ein aufrichtiges Kompliment könnte missverstanden werden, ist in aller Regel also unbegründet.

Meiner Erfahrung nach ist es eher umgekehrt: Wie oft denken wir etwas Positives über einen Menschen – und wie selten sprechen wir es dann tatsächlich aus? Besonders wir Deutschen tun uns mit dieser Art von Spontaneität oft schwer. Selbst habe ich diese Erfahrung zum Beispiel einmal in New York City gemacht: Ich wartete an einer Ampel, als ein Mann an mir vorbeilief, sich umdrehte, wieder zurückkam und sagte: »Sie haben aber einen schönen Mantel.« Für eine Sekunde fragte ich mich: Was will der wirklich? Doch wie sich schnell herausstellte, handelte es sich einfach nur um ein spontanes Kompliment.

Komplimente gehören zum sogenannten prosozialen Verhalten – sie sind also Interaktionsformen, die das Miteinander unterstützen.[7] Wer sich prosozial verhält, findet und bindet soziale Kontakte leichter und trägt damit zur Entstehung stabiler Beziehungen und Gemeinschaften bei.

Komplimente sind sozusagen die Königsdisziplin des prosozialen Verhaltens: Nichts sagt deutlicher »Ich möchte Kontakt zu dir« als ein ehrliches Kompliment.

Wie aber macht man Komplimente richtig – also so, dass das Gegenüber sich nicht belästigt fühlt oder unehrenhafte Motive unterstellt?

Ein aufrichtiges Kompliment ist vor allem:

- **selbstlos:** Die gebende Person zieht – neben der offensichtlich gewollten Vertiefung der Beziehung – keinen unmittelbaren Nutzen daraus;

- **unaufgefordert:** Ein schönes Kompliment ist immer eine Überraschung. Es sollte sich nicht anfühlen, als ob es sich nur zwingend aus dem Gesprächsverlauf ergeben hat;

- **glaubwürdig:** Ein objektiv unzutreffendes Kompliment erweckt den Anschein, dass sich jemand nur »einschleimen« und von der Beziehung profitieren will;

- **angemessen:** Die Formulierung sollte zur Beziehung von gebender und empfangender Person passen (im Büro ist »geschmackvoll« vielleicht ein besseres Kompliment für das Outfit als »sexy«);

- **begründet:** Die stärkste Wirkung entfaltet ein Kompliment, das die zugrunde liegende Beobachtung mitkommuniziert: »Du hast mich heute beeindruckt, weil …«

Komplimente sind ein effektiver Beziehungsbooster und selten deplatziert.

9. Dankbarkeit zeigen

Danke zu sagen, gehört zu den ersten Höflichkeitsregeln, die wir als Kinder gelernt haben. Der einfache Dank gehört zu den Routinen in der Kommunikation, die wir einerseits voraussetzen, andererseits aber auch zu schätzen wissen: Wir messen die Freundlichkeit eines Menschen nicht zuletzt daran, ob er den Grundregeln der Höflichkeit folgt.

Und das ist nicht das Einzige, was wir aus den Dankesgewohnheiten eines Menschen ablesen können. Jeder kennt jemanden, der Schwierigkeiten hat, seine Dankbarkeit zu zeigen – obwohl wir wissen, dass diese Person sich genauso über eine kleine Hilfestellung oder ein Mitbringsel aus dem Urlaub freut. Dankbarkeit scheint also etwas zu sein, das manchen Menschen leichter fällt als anderen. Dafür wird es möglicherweise gerade diese Person sein, die uns ihrerseits eines Tages mit einer großzügigen Geste des Dankes im Gegenzug für unsere Hilfe überrascht, auch wenn die Dankesfloskel unausgesprochen bleibt.

Das Prinzip Dankbarkeit scheint also weit über das Aussprechen des Satzes »Ich danke schön« hinauszugehen – und weit tiefer zu gehen als die Oberfläche des ritualisierten Dialogs darüber.

Tatsächlich haben psychologische Studien gezeigt, dass es gravierende interindividuelle Unterschiede bei der Veranlagung zu und der Ausprägung von Dankbarkeit gibt.[8] Dankbarkeit ist ein vielschichtiges psychologisches Konzept und äußert sich deshalb auch unterschiedlich.[9]

So kann Dankbarkeit als Tugend, Charakterzug oder Verhaltensweise verstanden werden. Als Tugend lässt sich etwa die Dankbarkeit einordnen, die wir ganz grundsätzlich unseren Eltern gegenüber empfinden. Manche Menschen wirken allgemein dankbarer als andere, indem sie zum Beispiel eine große Zufriedenheit über ihre Lebensumstände ausstrahlen; bei ihnen kann Dankbarkeit als Charakterzug eingestuft werden. Die rhetorische Ausdrucksform von Dankbarkeit wiederum – beginnend mit dem einfachen »Danke!« als höfliche Antwort auf einen Gefallen oder ein Kompliment – lässt sich als Verhaltensweise bezeichnen, also der praktische Anwendungsfall in der Rhetorik.

Auch ohne dass sie zwingend ausgedrückt werden muss, hat Dankbarkeit eine ganze Reihe von positiven psychologischen Effekten auf denjenigen, der sie empfindet. So wirkt Dankbarkeit beispielsweise sehr effektiv gegen Unzufriedenheit.[10] Diese Feststellung ist zum Beispiel der Grund dafür, warum die Positive Psychologie sich umfassend mit dem Konzept Dankbarkeit auseinandersetzt. Zielgebend ist dabei die Frage: Welche Dinge machen das Leben lebenswert?[11,12] aus demselben Grund kommt Dankbarkeit – etwa in Form von Dankbarkeitstagebüchern – auch in der Kognitiven Verhaltenstherapie zum Einsatz.

Gut erforscht ist auch die soziale Wirkung von Dankbarkeit – nämlich als Katalysator der Kooperation innerhalb von Gemeinschaften. Im Laufe der Evolution hat sich Dankbarkeit als Empfindung entwickelt, um das Überleben unserer Art zu sichern. Sie führt dazu, dass wir uns gegenseitig helfen, denn Dankbarkeit fühlt sich gut an. Einzelgänger haben – zumindest auf früheren Stufen der Entwicklung unserer Gattung – schlechtere Überlebenschancen als Menschen, die zur gegenseitigen Unterstützung bereit sind. Wenn wir Hilfe von anderen erhalten, führt das zur Empfindung von Dankbarkeit – und diese wiederum löst das Bedürfnis aus, sich für die Hilfe zu revanchieren.[13,14,15]

Tatsächlich wird das Belohnungszentrum im Gehirn stimuliert, wenn wir Dankbarkeit empfinden. Dadurch fühlt Dank sich nicht nur gut an, sondern wirkt auch negativen Empfindungen wie Neid oder Zynismus entgegen.[16,17] Sogar als Schutz vor psychischen Krankheiten und zur Stärkung der Resilienz hat der Dank sich in der psychologischen Forschung als nützlich erwiesen.

All diese Ergebnisse zeigen: »Danke« ist viel mehr als ein Wort – und genau deshalb eines, von dem wir nie genug bekommen.[18,19]

»Danke« ist viel mehr als eine Höflichkeitsfloskel.

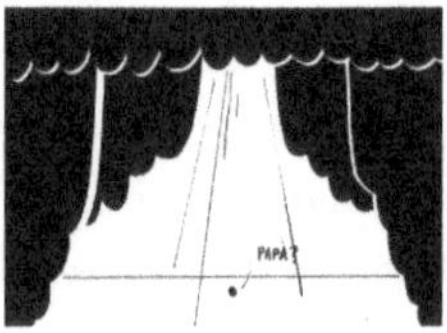

10. Wertschätzung zeigen

Wertschätzung ist, ähnlich wie das Lob, eine sehr offensichtliche und gezielte Ausdrucksform der Freundlichkeit. Im Werkzeugkasten der freundlichen Kommunikation hat die Wertschätzung die Rolle des Motivators. Als gelernter Kaufmann finde ich es deshalb nicht nur schön, wenn Menschen wertschätzend kommunizieren, sondern auch sehr klug. Denn aufrichtige Wertschätzung kann Menschen über sich hinauswachsen lassen und schenkt uns ungeahnte Möglichkeiten.

Dasselbe Prinzip greift allerdings auch umgekehrt: Ausbleibende Wertschätzung kann Menschen jeden Enthusiasmus verlieren lassen. Als soziale Wesen sind wir in hohem Maße auf das Feedback anderer angewiesen. Wenn wir uns reinhängen und dafür keine Anerkennung bekommen, wird irgendwann auch die stärkste Motivation nachlassen.

Weil Führungskräfte, Lehrende und Eltern das heute aus zahlreichen einschlägigen Studien und Publikationen wissen, steht Wertschätzung als Kommunikationsstrategie hoch im Kurs. Jedoch bewirkt Wertschätzung, die als Masche durchschaut wird, bei der Empfängerin leider genau das Gegenteil: Sie demotiviert uns, weil sie dazu führt, dass wir uns ausgenutzt fühlen. Das schädigt die Beziehung, statt sie zu stärken, wie es aufrichtige Wertschätzung vermag.

Ich folge der Grundregel: Eine Methode, die als solche erkannt wird, ist keine gute Methode. Für Kommunikationsmethoden gilt das ganz besonders: Was nicht aufrichtig wirkt, wirkt nicht oder sogar destruktiv. Wertschätzung funktioniert als Methode nur dann, wenn sie einer wertschätzenden Haltung entspringt – also einer freundlichen Haltung, die von Respekt geprägt ist.

Als wirklich freundlich empfunden – und nicht etwa als manipulativ – wird Wertschätzung nur, wenn sie glaubwürdig kommuniziert wird: mit Ritualen, die mehr sind als Floskeln. Ein Dankeschön im Mitarbeitergespräch und ein Schulterklopfen bei der Weihnachtsfeier reichen da nicht; Wertschätzung ist etwas, das man leben muss. Sie braucht das Prinzip der Augenhöhe, um glaubwürdig zu sein.

Ein Krisengespräch in meinem eigenen Unternehmen hat mir das einmal deutlich vor Augen geführt. Unsere Reinigungskraft zeigte sich tief davon getroffen, dass sie nicht zu unserer Jahresauftaktveranstaltung eingeladen worden war. Ich hatte bewusst darauf verzichtet – in der Annahme, ihr damit einen Gefallen zu tun. Was hätte sie schon von all den Strategiegesprächen und Fachpräsentationen gehabt, die nichts mit ihrer Arbeit zu tun haben? Doch ihre Sichtweise war eine ganz andere: Nicht eingeladen zu werden, fühlte sich für sie an wie der Entzug einer Wertschätzung, die anderen zuteilwurde. Das hatte ich nicht verstanden – und nun galt es, eine Verletzung zu heilen.

Gelebte Wertschätzung ist so vielfältig wie die Menschen, man kann sie nicht generalisieren. Deshalb lohnt es sich, sich Gedanken darüber zu machen, wie sich Wertschätzung demonstrieren lässt: mit einem persönlichen Dankeschön, mit einem aufrichtigen Kompliment, mit einem ungeschönten Feedback, mit einer kleinen Aufmerksamkeit oder auch mit mehr Beachtung.

Kreative Ideen für Wertschätzungsbekundungen zu entwickeln, ist eine der schönsten Respektsbekundungen für die Menschen, mit denen wir täglich zusammenarbeiten. Nichts drückt Wertschätzung besser aus als ein Überraschungsmoment: eine Feier, ein Ausflug, ein durchdachtes Geschenk. Doch wie der Respekt ist auch Wertschätzung keine Einmalinvestition, sondern eine Verpflichtung: Sie will kultiviert und gepflegt werden.

Gelebte Wertschätzung ist individuell, kreativ und nachhaltig.

11. Versprechen halten

Verbindlichkeit ist ein Eckpfeiler der freundlichen Kommunikation, denn sie bildet die Grundlage für Vertrauen. Wenn wir die Beziehung zu einem Menschen pflegen oder sogar vertiefen wollen, dann geht es nicht ohne sie.

Sich an Versprechen zu halten, ist in der Wahrnehmung anderer Menschen die Nulllinie der Verbindlichkeit: Wer dazu nicht imstande ist, dem können wir nicht vertrauen, zumindest nicht auf Dauer.

Allerdings wissen wir alle aus eigener Erfahrung, dass es manchmal eben doch geschieht – ganz besonders als Eltern. Wer ein Kind großgezogen und es unterwegs kein einziges Mal angelogen hat, dem erstatte ich den Kaufpreis dieses Buches zurück.

Natürlich tun wir das nicht, weil wir Lügen für legitim halten, weil wir den Begriff »Notlüge« kreativ auslegen oder weil wir glauben, das Kind wird schon nicht dahinterkommen. Diese Lektion lernen junge Eltern sehr schnell: Kinder sind intuitiv um so vieles schlauer, als wir glauben.

Vielmehr lügen wir manchmal aus Versehen, weil das Herz mal wieder schneller redet, als das Hirn eingreifen kann. Als Mütter und Väter wollen wir, dass es unseren Kindern gut geht, dass sie sich wohlfühlen, dass sie Freude empfinden, und vor allem: dass sie uns lieben. Sich das einzugestehen und reflektieren zu können, ist ein wichtiger Schritt auf dem Weg zum verantwortungsvollen Elternteil: Wir wollen von unseren Kindern geliebt werden, so wie sie von uns geliebt werden wollen.

Und deshalb sagen wir manchmal etwas Unvorsichtiges, das wir später bereuen. »Klar komme ich zu deiner Schulaufführung in drei Monaten!«

Drei Monate sind eine lange Zeit. In dieser Zeit findet Leben statt. Projekte werden ins Leben gerufen. Kollegen werden krank. Kunden warten mit Aufträgen. Vorgesetzte bauen Dienstpläne um. Grippewellen brechen aus. Notfälle treten ein.

Und dann brechen wir Versprechen, obwohl wir objektiv betrachtet das Richtige tun. Manchmal geht es nicht anders.

Was ist die Lösung für dieses Dilemma? In einer idealen Welt würde die Antwort lauten: Keine Versprechen mehr brechen. In einer zynischen Welt würde sie lauten: Keine Versprechen mehr geben. Der realistische Kompromiss lautet: Nichts versprechen, was sich nicht einigermaßen sicher bewerkstelligen lässt.

Seien wir ehrlich: Die meisten Versprechen geben wir ohne Not. Um unseren Kindern eine Freude zu machen, formulieren wir Garantien, wo auch eine positive Affirmation reichen würde: »Ich möchte so gern zu deiner Schulaufführung kommen. Ich werde mir die größte Mühe geben, dass ich an dem Tag nicht arbeiten muss.«

Wenn es dann tatsächlich nicht klappt, obwohl man sein Möglichstes versucht hat, kann man sich immer noch aufrichtig entschuldigen – aber immerhin nicht für ein gebrochenes Versprechen.

Dasselbe gilt übrigens auch gegenüber Erwachsenen. Denen kann man ein gebrochenes Versprechen zwar leichter erklären, weil es in ihrer eigenen Lebenserfahrung sicher Präzedenzfälle gibt. Doch verbindliche Kommunikation ist in allen Altersklassen und in jeder Form von Beziehung ein Gebot des Respekts. Wer wiederholt den Eindruck bekommt, dass er mir nicht vertrauen kann, wird irgendwann unweigerlich auf Distanz gehen. Fast immer ist das vermeidbar, indem man verbindlich kommuniziert, statt leichtfertig Versprechen zu geben.

Lieber weniger versprechen als ohne Not Versprechen brechen.

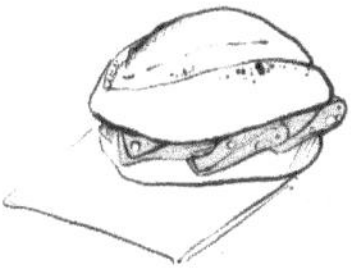

12. Vergeben lernen

Die Vergangenheit ruhen zu lassen, ist eine der größten Herausforderungen für jede Beziehung. Was war, scheint einem liebevollen, wenigstens aber würdevollen Umgang miteinander oft mehr im Wege zu stehen als das, was ist – mit dem Unterschied, dass sich an Ersterem nichts mehr ändern lässt.

Leider neigen wir gerade in gewachsenen Beziehungen dazu, die Vergangenheit als Argument für die Gegenwart heranzuziehen. »Jetzt hast du schon wieder den Geburtstag meiner Mutter vergessen. Wie unseren Hochzeitstag vor 17 Jahren. Denkst du überhaupt mal an irgendwas?«

An der Vergangenheit festzuhalten, ist schlimmer als jede Unachtsamkeit, schmerzhafter als jedes Versäumnis. Denn im Gegensatz zu Letzteren erfolgen Schuldzuweisungen bewusst und vorsätzlich: Sie sollen verletzen. Einerseits ist der

Impuls nachvollziehbar, denn im Affekt summiert sich oft die Frustration. Andererseits ist die gefühlte Bilanz einer Partnerschaft selten verlässlich. Beziehungen – ob es Liebesbeziehungen sind, Freundschaften, Arbeitsbeziehungen oder Familienbande – sind wie Schneekugeln, die wir auf der Piste unseres Lebens vor uns her rollen: Sie werden immer größer und immer gewichtiger. Aber sie sammeln unterwegs auch jede Enttäuschung ein, die wir über die Jahre so mitnehmen – jeden Kiesel und jede Erfahrung, die kneift wie ein solcher, wenn er stattdessen in unserem Schuh landete. Je größer und schwerfälliger sie unterwegs werden, desto mehr neigen wir dazu, sie für all das verantwortlich zu machen, was uns im Leben missfällt – als wäre es die Beziehung, die uns bremst, und nicht die Kiesel und Mikrotraumen, die sie unterwegs geschluckt hat.

Deshalb ist die freundliche Reaktion, auf die wir uns in einer frischen Beziehung ganz selbstverständlich beschränken, auch nach vielen Jahren noch die bessere Wahl: »Kann ja mal passieren – denk beim nächsten Mal bitte dran.«

Unsere Beziehungen sind mehr als der kleinste gemeinsame Nenner unserer Vergangenheit. Die Menschen in unserer Nähe sind nicht allein dafür verantwortlich, wie wir uns an ihnen reiben. Niemand macht absichtlich Fehler, denn dann wären es keine Fehler, sondern Angriffe. Also macht es auch keinen Sinn, sie einander nachzutragen.

Wer vergeben lernt, räumt sich selbst und seinen Beziehungen das größte Hindernis für die Zukunft aus dem Weg: den Schatten einer Vergangenheit, die wir nicht mehr ändern können.

Nur wer vergeben kann, ist zu Freundlichkeit auf Dauer imstande.

13. Höflich bitten

Eine höflich vorgetragene Bitte ist einer der freundlichsten Kommunikationsakte überhaupt. Vieles in unserem Alltag würde sich verändern, wenn wir uns dessen bewusst wären. Paradoxerweise hat das Bitten nämlich nicht den besten Ruf: Viele Menschen glauben, sie würden andere Menschen stören oder gar belästigen, wenn sie nach etwas fragen oder um etwas bitten. Wie unzählige psychologische und soziologische Studien zeigen, ist das Gegenteil der Fall: Die meisten Menschen geben sehr gern, denn Geben tut dem Gebenden oft mindestens genauso gut wie dem Empfänger. Wenn wir anderen einen Gefallen tun, wird dabei das Belohnungshormon Oxytocin ausgeschüttet, das uns einen regelrechten Kick verpasst.[20]

Hinzu kommt, dass gegenseitige Gefallen eine Beziehung vertiefen. Denn wer mir genügend vertraut, um mich in einem schwierigen Moment oder in einer Notsituation um Hilfe zu bitten, wird in aller Regel die Hilfsbereitschaft auch spiegeln, wenn sich die Lage zu einem späteren Zeitpunkt einmal umkehrt. Wer mir gern hilft, macht sich etwas aus der Freundschaft oder zeigt mindestens Verantwortungsbewusstsein. Deshalb ist eine Bitte, und sei sie noch so klein, oft der Einstieg in ein Beziehungs-Upgrade.

Der Gründervater der Vereingten Staaten Benjamin Franklin soll sich diese positive Wirkung des Bittens gezielt zunutze gemacht haben. Es heißt, er habe einmal einen politischen Kontrahenten gefragt, ob er sich eines der Bücher aus dessen Bibliothek ausleihen könne, das ihn sehr interessiere. Nach einer Woche gab er das Buch zurück – begleitet von einem Dankesbrief. Die beiden sollen anschließend bis zu Franklins Tod befreundet gewesen sein. Deshalb spricht man heute auch vom »Benjamin-Franklin-Effekt«: Er bezeichnet das psychologische Phänomen, dass Menschen andere mehr mögen, wenn sie ihnen einen Gefallen getan haben.[21]

Wird eine Bitte doch mal abgelehnt, muss das noch längst nicht heißen, dass ich diesem Menschen egal bin. Wohl aber kann ich an der Art, wie jemand mir eine Bitte abschlägt, vieles ablesen: Wer ehrlich nicht helfen kann oder möchte, wird eine sachliche Begründung vorbringen, die keinen schlechten Nachgeschmack hinterlässt. Oft wird man in diesen Fällen für die Bitte dennoch mit einem Alternativvorschlag belohnt. Auch wenn wir es oft erst später erkennen: Manches Nein ist wertvoller, als ein Ja es hätte sein können.

Das Bitten hat also nicht nur lebenspraktische Vorteile, auch als Kommunikationsakt kann es durchaus aufschlussreich sein.

Ein weiterer Grund, warum das Bitten uns trotz all seiner Vorteile dennoch schwerfallen mag, ist der Mangel an einer geeigneten Technik: Wir glauben nicht zu wissen, wie man richtig um etwas bittet. Der Grund dafür ist die ungeliebte Rolle des Bittstellers. Nicht nur ist es uns unangenehm, uns mit einer Bitte gefühlt von der Großzügigkeit anderer abhängig zu machen. Wir glauben auch, dass wir uns als Bittsteller entweder in eine unterwürfige Rolle begeben oder besondere Überredungskünste anwenden müssten, um unseren Wunsch erfüllt zu bekommen.

Eine Studie der niederländischen Forscher René Bekkers und Pamala Wiepking über die Motivation, warum Menschen helfen, hat gezeigt: Der Hauptgrund, warum Menschen etwas geben, ist weil jemand sie darum gebeten hat.[22] Mit anderen Worten: Die Hauptvoraussetzung, anderen etwas Gutes zu tun, ist, dass wir um ihren Bedarf wissen. So einfach.

Menschen, die grundsätzlich bereit sind zu helfen, stellen darum gewöhnlich auch keine konkreten rhetorischen Anforderungen an eine Bitte. Sie erwarten lediglich das, was jeder Gesprächspartner voraussetzt: respektvoll behandelt zu werden – also mit der eigenen Perspektive und den eigenen Bedürfnissen gesehen zu werden. Bevor man jemanden um etwas bittet, sollte man sich daher gefragt haben: Was bedeutet es für mein Gegenüber, meiner Bitte zu folgen? Inwiefern kollidiert mein Bedarf möglicherweise mit den Eigeninteressen dieser Person, und ist derjenigen (und unserer Beziehung) das zumutbar? Wer diese Fragen für sich selbst im Vorfeld beantwortet hat und sich dennoch entscheidet, die Bitte vorzutragen, wird mit hoher Wahrscheinlichkeit ein Ja zur Antwort bekommen.

Wer um mehr bittet als einen kleinen Gefallen, tut gut daran, diese Überlegungen zu thematisieren: Damit zeige ich, dass ich nicht leichtfertig frage und mich in die andere hineinversetzen kann.

Abgesehen davon gibt es keine festgelegte Form für eine Bitte und keinen Sprachcode, den es zu beachten gilt. Selbst das Wörtchen »bitte« ist – außer bei ritualisierten Bitten wie »Ein Käsebrötchen, bitte« – letztlich nicht zwingend erforderlich, höflich wirkt es natürlich trotzdem.

Eine Bitte ist eine Geste des Vertrauens, die Beziehungen vertiefen kann.

14. Demut üben

Demut ist in unserer Zeit kein sehr geläufiges Konzept. Schon gar nicht drängt sie sich als erstrebenswerte Gesprächshaltung auf. In der bei uns geläufigen Bedeutung, die ihre Wurzeln in der griechischen Philosophie hat, bezeichnet Demut eine tendenziell unterwürfige, je nach Kontext sogar sklavische Haltung. Martin Luther prägte den Begriff in seiner Bibel-Übersetzung als Anerkennung der Allmacht Gottes.

Im Zeitalter der Selfie-Kultur erscheint das wie ein Anachronismus. Selbstdarstellung ist zum Standard-Sendemodus geworden: alles nur noch super und mega. Wer sich nicht überlegen zeigt, ist nicht auf der Höhe; wer nicht dominant auftritt, hat offenbar Defizite. Das meiste bekommt, wer es sich nimmt.

Sich unterwerfen? So weit kommt's noch; wir sind ja schon froh, wenn wir gefühlt mal auf Augenhöhe sind mit all den Superstars, Topexperten und Alphatieren. Und dann freiwillig eine demütige Haltung annehmen? Warum sollte man sich das antun?

Ganz einfach: weil Asymmetrien im Gespräch verlässlich zu Schwierigkeiten führen. Um sich einmal einseitig durchzusetzen, mögen Dominanz und Unbeugsamkeit die richtigen Strategien sein. Doch überall, wo es auch nur im Ansatz um eine funktionierende Beziehung und langfristige Kooperation geht, ist ein gewisses Maß an Demut gegenüber der Meinung, der Position und den Argumenten anderer die um Längen mehr Erfolg versprechende Strategie.

Wenn ich im Urlaub auf dem Straßenmarkt um den Preis eines Souvenirs feilsche, mag das egal sein. Doch wenn ich den einseitigen Vorteil zur Grundhaltung der Kommunikation erkläre, macht mich das nicht zu einem Gewinner, sondern zu einem Egoisten. Hält ein Verkäufer an einem überzogenen Preis fest, weil sein Produkt gerade nirgendwo anders lieferbar ist, wird sein Käufer beim nächsten Mal vermutlich einen neuen Lieferanten suchen.

Ob in Geschäftsbeziehungen oder bei der Diskussion über den Gartenzaun: Demut ist eine grundlegende Tugend für gelingende Gespräche – im weltlichen Sinne von Bescheidenheit und Wertschätzung für den anderen. Ich selbst verstehe Demut als Bescheidenheit vor mir selbst und als Wertschätzung dem anderen gegenüber. Wenn wir uns in die andere hineinversetzen und ihre Anliegen und Absichten abwägen, bevor wir reagieren, verhalten wir uns keineswegs unterwürfig, sondern respektvoll. Und wer Respekt zeigt, bekommt ihn auch zurück.

Wer seine Grenzen kennt und anerkennt, ist weniger angreifbar, als wer sich unbesiegbar wähnt. »Eure Überheblichkeit ist eure Schwäche«, wusste schon Luke Skywalker, der Yedi-Meister, seinen Feinden zu entgegnen.

Sich in Demut zu üben, hilft dabei, den Wert der Freundlichkeit zu erkennen.

15. Hilfe anbieten – Hilfe in Anspruch nehmen

Menschen zu helfen, die Unterstützung benötigen, ist ein Gebot der Menschlichkeit. Das lernen wir als Kinder von unseren Eltern, im Kindergarten, in der Grundschule. Auch im Erwachsenenalter herrscht Einigkeit darüber, dass es inhuman ist, Menschen in Notlagen Hilfe zu verweigern. Darauf beruht das Solidaritätsprinzip in verschiedenen gesellschaftlichen Feldern, von der Sozialpolitik über den Generationenvertrag bis hin zu internationalen Menschenrechtskonventionen.

Das Gebot der Hilfeleistung ist ein Grundparameter unseres Zusammenlebens – und zwar einer, der universelle Gültigkeit hat. In Südkorea ging ein Video von der Überwachungskamera einer kleinen Bäckerei viral. Es zeigt den Besitzer der Bäckerei, der im Regen Kartons aus seinem Auto auslädt und in den Laden schafft. Dabei sind er und seine Ware schutzlos dem Regen ausgesetzt. Das beobachtet ein siebenjähriger Schuljunge, der auf dem Weg nach Hause ist und an der Bäckerei vorbeiläuft. Er bleibt hinter dem Bäckereibesitzer stehen, der gerade in sein Auto gebeugt nach einem weiteren Karton greift – und hält seinen Regenschirm über ihn. Dabei wird er selbst nass. Erst als der Mann sich umdreht und mit seiner Ware zum Laden gehen will, bemerkt er den Jungen und bedankt sich. Dann geht der hilfsbereite Knirps weiter, als wäre nichts gewesen.

Später sagt der Bäckereibesitzer Journalisten in einem Interview: Nachdem er sich die Szene in den Aufnahmen seiner Überwachungskamera noch einmal angesehen hatte, erschien ihm das nicht mehr ausreichend. Ein junger Mensch, der so selbstverständlich anderen helfe, sogar zum eigenen Nachteil, verdiene mehr als ein flüchtiges Danke. Er wolle ihm noch einmal in die Augen sehen und ihm ein Kompliment aussprechen. Also beginnt er, den Jungen in der Nachbarschaft zu suchen, hat aber keinen Erfolg. Die Journalisten recherchieren, finden den Jungen, und das Video geht viral. Eine Welle der Sympathie aus dem ganzen

Land bricht über den Erstklässler herein – und über seine Eltern, die ihn zum Helfen erzogen haben.

Hilfsbereitschaft ist ein Teil unserer Sozialisierung – und sie ist uns ein Bedürfnis. Deshalb erfüllt es uns mit Freude und Dankbarkeit, Hilfe zu erfahren – sei es für uns selbst oder für andere.

Das Merkwürdige ist: Wir trauen uns selbst nicht über den Weg. Der Groninger Professor für Sozialpsychologie Tom Postmes konfrontiert in seinen Vorlesungen jeden Jahrgang von Studierenden mit demselben Szenario: Ein Flugzeug muss notlanden und bricht in drei Teile. Die Kabinen füllen sich mit Rauch. Allen Insassen ist klar: Wir müssen hier raus. Was passiert? Der Professor stellt seinen Studierenden zwei Antwortmöglichkeiten zur Wahl: Auf Planet A fragen die Insassen einander, ob es ihnen gut gehe. Personen, die Hilfe benötigen, bekommen den Vortritt. Die Menschen sind bereit, ihr Leben zu opfern, auch für Fremde. Auf Planet B kämpft jeder für sich allein. Totale Panik bricht aus. Es wird getreten und geschubst. Kinder, ältere Menschen und Menschen mit Behinderungen werden niedergetrampelt.

Auf welchem Planeten, fragt Postmes sein Publikum, leben wir?

Etwa 97 Prozent sind davon überzeugt, dass wir auf Planet B leben. Die Auswertung des Verhaltens der Betroffenen in derartigen Situationen zeigt jedoch, dass wir auf Planet A leben.[23]

Wenn Menschen anderen nicht helfen – oder umgekehrt die Hilfe anderer nicht annehmen wollen –, steckt dahinter eine Urangst, mit der wir ebenfalls sozialisiert werden: in einer Notlage allein zu sein und deshalb selbst handlungsfähig bleiben zu wollen. Die Fassadentheorie des Biologen Frans de Waal beschreibt unser Bild von der Gesellschaft als dünne Fassade, die beim geringsten Anlass einstürzen könnte. Es hält sich also hartnäckig der Mythos, der Mensch sei von Natur aus egoistisch, panisch und aggressiv.[24] Selbst mit Beweisen für die uneigennützige Hilfsbereitschaft von Menschen konfrontiert, ändert die Mehrheit der Befragten in Untersuchungen nicht ihre Annahme, dass Hilfsbereitschaft einen egoistischen Hintergrund haben müsse.[25]

Der Mensch, darüber herrscht weitgehend Einigkeit, ist ein soziales Wesen. Hilfsbereitschaft ist der Kern des sozialen Verhaltens. Wir dürfen den Fakten vertrauen: Die meisten Menschen wären in einer Notlage bereit, uns zu Hilfe zu eilen. Deshalb ist es nicht naiv, sondern völlig in Ordnung, anderen Hilfe anzubieten. Und genauso ist es in Ordnung, sie anzunehmen. Wir tun damit auch dem Helfenden einen Gefallen, denn Helfen schüttet das Glückshormon Serotonin aus, das unter anderem unser soziales Verhalten reguliert. Schließlich leben wir auf dem Planeten der Helfer.

In den sogenannten Blue Zones – Regionen der Erde, in denen die Menschen überdurchschnittlich lange und gesund leben und in denen es besonders viele Hundertjährige gibt – ist die gegenseitige Unterstützung ein zentrales Element der Lebensweise. Studien stufen den sozialen Zusammenhalt und die gegenseitige Fürsorge in diesen Regionen – oft ländliche, relativ isolierte Gebiete wie die Insel Okinawa in Japan oder Sardinien in Italien – neben einer ausgewogenen Ernährung und einem gesunden Lebensstil als entscheidenden Faktor für ein gesundes Altern ein.[26] Die alten Menschen dort kochen zusammen, helfen einander bei täglichen Verrichtungen, kommen zum Reden und Feiern zusammen und passen aufeinander auf. Sie werden älter, weil sie eingebunden sind – aber auch, weil sie Verantwortung füreinander tragen und sich bis ins hohe Alter geschätzt und gebraucht fühlen.

Hilfe anzubieten, macht uns glücklich – sie anzunehmen, die anderen.

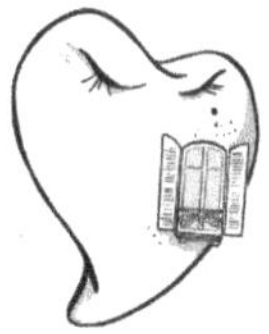

16. Freundlich Nein sagen – freundlich Ja sagen

Aus irgendeinem Grund halten die meisten Menschen das Wörtchen »nein« für den Inbegriff der Unfreundlichkeit. Wir assoziieren es mit Ablehnung, Verweigerung, Konfrontation. Wir glauben sogar, dass es unserer Beziehung zu einem Menschen schaden kann, Nein zu sagen, und assoziieren es mit allerlei paranoiden Befürchtungen: Es könnte ja Kunden verprellen, Freundschaften schaden, Ehen zerrütten.

Kurz: Wir halten das Wörtchen »nein« für ziemlich asozial. Und das ist tatsächlich genauso irrational, wie dieser Satz sich liest. Ein Nein ist kein bisschen unfreundlicher als ein Ja. Und doch glauben manche Menschen, gar kein Recht auf ein Nein zu haben.

Es ist nur so, dass wir von Kindesbeinen an eine Aversion dagegen entwickelt haben. Wir bekommen es nämlich immer dann zu hören, wenn uns etwas wirklich reizvoll erscheint. Den Geschmack von Papas Smartphone testen? Nein. Auf dem Nachbarshund reiten? Nein. Zur Party des älteren Schulkameraden gehen, der schon Bier kaufen darf? Nein.

Die Absicht des aussprechenden Elternteils hinter dem Nein? Ausgesprochen freundlich, nämlich: beschützend. Das Nein ist besser als sein Ruf. Aber das merken wir immer erst, wenn wir es aussprechen – nicht, wenn wir es hören.

Bleibt die Frage: Wie kann man das ausgesprochene Nein rhetorisch abpolstern, damit die freundliche Absicht dahinter durchscheint?

Zum Beispiel, indem wir es nicht aussprechen. Oft gehen wir einfach zu freizügig damit um, obwohl es durchaus Alternativen zu diesem Reizwort gibt. Eine Alternative zum Nein ist zum Beispiel eine nachvollziehbare Erklärung: »Gehen wir heute zusammen essen?« – »Ich muss meine Mutter zum Arzt bringen.«

Auch ein Gegenvorschlag lässt sich benennen, ohne das ungeliebte Wort ins Spiel zu bringen: »Kannst du mir bei der Buchhaltung helfen?« – »Gern unterstütze ich dich gleich morgen früh.«

Ein Irrglaube ist auch, dass man jedes Nein begründen müsste. Manchmal gibt es gute Gründe dafür, das zu tun – aus pädagogischen Gründen oder weil man transparent sein möchte. Doch wenn man sein Nein nicht begründen will und auch nicht muss, ist es oft besser, auf die Begründung zu verzichten. Sonst wird danach nämlich oft nur noch über die Begründung geredet und nicht mehr über das Nein an sich.

Oft saugen wir uns irgendeine Erklärung aus den Fingern, um nicht unkooperativ dazustehen. Genau aus diesem Grund wirken wir dann unfreundlich beziehungsweise unaufrichtig. Eine fadenscheinige Begründung fliegt nämlich leicht auf. »Kommst du nachher mit mir einkaufen?« – »Nein, ich muss noch die Garage aufräumen.« – »Du räumst lieber die Garage auf, als etwas mit mir zu unternehmen?«

Meist lässt sich das Nein mit folgendem Dreischritt abmildern:

1. Etwas Freundliches: »Ich würde wirklich sehr gern mit dir einkaufen gehen. Ich brauche auch dringend ein neues T-Shirt.«
2. Nein (ohne Begründung, aber bedauernd): »Leider geht es heute nicht.«
3. Alternativimpuls: »Morgen Nachmittag hätte ich Zeit« (falls grundsätzlich Interesse besteht) oder »Frag doch mal deine Mutter« (falls kein Interesse besteht).

Der Trick besteht darin, das Nein freundlich zu kommunizieren, damit es keine Distanz erzeugt – zum Beispiel, indem man es einfach weglässt.

Im Vergleich zum freundlichen Nein ist das freundliche Ja sehr einfach: Sagen Sie nur »ja«, wenn Sie auch »ja« meinen. Ein unaufrichtiges Ja ist entgegen landläufiger Meinung langfristig wesentlich schädlicher für eine Beziehung als ein aufrichtiges Nein.

Ein ehrliches »Nein« ist nie unfreundlich – nur das Wort selbst ist oft überflüssig.

17. Begründet loben – begründet kritisieren

Nichts ist freundlicher als ein Lob – könnte man meinen. Doch es ist nicht ganz so einfach, wie es den Anschein hat.

Wie bei so vielen anderen Gesprächssituationen kommt es nämlich auch beim Loben auf die Aufrichtigkeit an: Freundlich wirkt, was ein Fenster zum Herzen öffnet.

Grundsätzlich ist Wertschätzung natürlich ein sehr direkter Weg, etwas Freundliches zu sagen. Mit ihr können wir Anerkennung ausdrücken, Zuneigung zeigen und Beziehungen vertiefen. In der Führung ist sie genauso nützlich wie in der Erziehung. Ein Lob kann die Motivation erhöhen, Kooperation fördern und das Selbstbewusstsein steigern. All das funktioniert allerdings nur, wenn das Lob als »echt« empfunden wird.

Deshalb kommt es darauf an, glaubwürdig zu loben. Eine Affirmation wie »Ihr seid die Geilsten«, von einem Motivationsguru pauschal in einen Saal zahlender Kunden hineingebrüllt, ist eine Droge mit relativ kurzer Wirkung. Dasselbe gilt für den CEO, der bei der Betriebsversammlung Zufriedenheit mit der Jahres-Performance verkündet: »Ihr seid das beste Team der Welt!« Die Motivation, die daraus erwächst, mag gute Gefühle erzeugen – die werden jedoch eher ein Strohfeuer sein.

Echte Wertschätzung ist persönlich. Freundlichkeit ist eine Dialogkompetenz. Wie aber formuliert man Lob so, dass es als persönlich wertschätzend empfunden wird?

In der Psychologie herrscht weitgehend Einigkeit darüber, dass prozessorientiertes Feedback am wertvollsten ist.[27] Wertschätzung kommt am besten an, wenn sie einen klaren Bezugspunkt hat. Das bedeutet für die Umsetzung: Ein Lob zeigt Wirkung, wenn es begründet wird. »Mir ist aufgefallen, dass du heute eingesprungen bist, als Daniel die Puste ausgegangen ist. Mit deinem Teamgeist hast du uns den Vorsprung gerettet. Das hat mich beeindruckt.« Ein solches Lob drückt aus, dass die Wertschätzung verdient ist: Es erkennt die Leistung an.

Interessanterweise beruht wirkungsvolle Kritik auf derselben rhetorischen Methode – und wird deshalb auch durchaus als freundlich wahrgenommen. Die meisten Menschen können durchaus akzeptieren, dass sachliche Kritik notwendig ist und die persönliche Entwicklung voranbringt. Was Kritikgespräche so schwierig macht, ist eher die Tatsache, dass wir den Anlass an sich für unangenehm halten. Sie finden unabhängig von ihrem Inhalt in angespannter Atmosphäre statt, weil beide Seiten sich unwohl fühlen.

Der entscheidende Hebel, um das zu ändern, liegt darin, worauf sich die Kritik bezieht: immer das konkrete Verhalten, nie den Menschen selbst. Es macht einen großen Unterschied, ob ich sage: »Du bist so unordentlich!«, oder ob ich sage: »Die gebrauchte Tasse steht noch auf dem Tisch.«

Warum wirken diese Aussagen so unterschiedlich? Ganz einfach: Das Verhalten kann der andere leicht ändern. Den Vorwurf, ein unordentlicher Mensch zu sein, möchte dagegen niemand auf sich sitzen lassen. Der Widerstand gegen eine solche Aussage ist vorprogrammiert.

Der Bezug aufs Verhalten liefert die Begründung mit, und über die kann man sachlich sprechen. Deshalb bildet sie auch eine gute Basis für einen nachfolgenden Handlungsimpuls: »Bitte räum die Tasse doch beim nächsten Mal gleich in die Spülmaschine.«

Freundliches Lob und freundliche Kritik sind prozessorientiert, also begründet.

18. Awareness praktizieren

Nur weil eine Begegnung nicht besonders freundlich verläuft, muss sie noch längst nicht unfreundlich sein – und umgekehrt. Einen Großteil unserer Tage verbringen wir mit relativ belanglosen Routineinteraktionen: »Wo ist der Schlüssel?« – »Ein Pfund veganes Gehacktes, bitte.« – »Wann gibt es Essen?« – »Du hast mich zugeparkt.« – »Hi, alles gut bei dir?«

Selbst wenn wir uns mitteilen, geben wir nichts preis. Selbst wenn wir fragen, erkunden wir nicht. Selbst wenn wir zusammen sind, sind wir uns nicht nah.

Diese zweckmäßige, funktionale Ebene von Kommunikation ist wichtig, lebensnotwendig sogar; sie stellt sicher, dass unser Alltag funktioniert. Schade ist allerdings, dass unsere Begegnungen sich zu oft in diesen funktionalen, überraschungsarmen und desinteressierten Gesprächsmustern erschöpfen. Wenn sich zwischen diesen Routinen Chancen zum echten Austausch bieten, erkennen wir sie nicht mehr. Wir durchlaufen unsere Begegnungen achtlos. Was uns fehlt, ist ein Zugang zur Interaktion, zum Menschen, zur Beziehungsebene.

»Awareness« ist ein solcher Zugang. Manchmal wird das Wort aus dem Englischen einfach nur mit »Bewusstsein« übersetzt. Doch awareness ist nicht dasselbe wie consciousness. Wenn Psychologinnen oder Kommunikationsfachleute zu mehr awareness aufrufen (hier am besten übersetzt mit: »Bewusstheit«), meinen sie eine recht klar abgegrenzte Wortbedeutung, die sich in Fachkreisen etabliert hat. Diese geht zurück auf eine Schule der Psychotherapie, nämlich auf die sogenannte Gestalttherapie. Sie beruht auf der Erkenntnis, dass Menschen sehr verschieden sind und deshalb auch unterschiedliche Vorstellungen davon haben, wie sie mit anderen Menschen in Kontakt treten und sich zur Welt verhalten wollen.[28]

Awareness bedeutet in der Gestalttherapie eine verstärkte Wahrnehmung von Dingen in der eigenen Umwelt oder an sich selbst. Im Gegensatz zum eher egogesteuerten »Bewusstsein« oder auch »Denken« bezeichnet awareness eine Form von Bewusstheit (auch: »Gewahrsein«), die weniger bewertet und weniger Absicht beziehungsweise Zweckorientierung voraussetzt. Bewertungen, Urteile oder auch die Projektion eigener Gedanken reduzieren unsere Aufnahmebereitschaft. Sie »zensieren« sozusagen, was wir in der Welt oder in einem Gespräch hören. Bis zu einem gewissen Grad diktieren sie es sogar, indem sie wie ein innerer Filter nur durchlassen, was die inneren Bewertungsschemen »hören wollen«.

Awareness unterbricht dieses beschränkende Wahrnehmungsmuster. Sie hilft, sich der Welt und anderen Menschen wertungs- und vorurteilsfrei zu öffnen. Das führt dazu, dass wir Menschen besser »hören« und angemessener handeln können, weil wir die Dinge so wahrnehmen, wie sie tatsächlich sind.[29]

Wie kann awareness uns dabei helfen, mehr Nähe herzustellen? Vor allem drei Stellschrauben können – bewusst in und zwischen die alltäglichen Routinen eingebaut – den Austausch mit anderen intensivieren:

- Faktor Zeit: Gute Gespräche brauchen Ruhe. Wenn man sich von vornherein bewusst Zeit für ein Gespräch nimmt, findet man besser hinein und nimmt automatisch mehr vom Gegenüber wahr.
- Faktor Fokus: Für die Dauer eines bewussten Gesprächs sollte alles andere nebensächlich sein.

Auf ein intensives Gespräch sollte man sich mit allen Sinnen einlassen, denn es findet auch nonverbal statt.

- Faktor Sprache: Die Sprache eines Menschen liefert viele Hinweise auf seinen Charakter, seine Verfassung und seine Umstände. Es lohnt sich, bewusst auf Formulierungen und Zwischentöne zu hören.

Awareness ist der Schlüssel zu mehr Nähe.

19. Sich großzügig zeigen

Oft scheitert ein freundliches Miteinander an solchen Banalitäten wie der Frage, wie um alles in der Welt man sich in diesen Zeiten in eine freundliche Stimmung versetzen soll. Der Psychologe Jens Corssen hat dafür den so treffenden wie wohlklingenden Begriff der »positiven Gestimmtheit« geprägt.[30] Warum nur fehlt es uns so oft daran? Weshalb fällt es uns besonders an schlechten Tagen so schwer, anderen mit Gleichmut und Achtung zu begegnen? Der Grund ist die Stimme des inneren Kritikers, die uns Situationen und leider auch Menschen mal eben im Vorbeigehen negativ bewerten lässt: der blöde Stau, der anstrengende Chef, die geschwätzige Nachbarin.

Diese schlechte Grundstimmung können wir natürlich ändern, indem wir diesen Automatismus kontrollieren und unsere Bewertung der Situation gezielt verändern lernen, also: dem inneren Kritiker widersprechen und rationalere Einschätzungen erzwingen, indem wir bewusst die Stimme der Vernunft zuschalten. Doch dieser Prozess dauert einen Moment, und oft gelingt uns diese Neubewertung der Situation auch erst mit einiger Übung.

Der Grund, warum wir besonders an anstrengenden Tagen oft so missmutig sind und nur das Negative in der Welt sehen, hat also mehr mit uns selbst zu tun als damit, wie die Welt um uns herum tatsächlich aussieht. Wir fokussieren uns auf das Negative und blenden das Positive aus, denn um eine wohlwollende Einschätzung komplexer Situationen muss man sich stärker aktiv bemühen – eine Falle unserer gefahrenfokussierten Neandertaler-Wahrnehmung.

Wie aber findet man routiniert zu einer positiven Grundstimmung, die eine optimistischere Sicht auf das Verhalten anderer ermöglicht? Wie kann man sich regelmäßig in Erinnerung rufen, wie die heile Welt sich anfühlt, die wir alle so sehr vermissen? Wo findet man das Gute im Menschen, wenn man es braucht?

Der vielleicht effektivste Stimmungsaufheller ist in meinen Augen die Großzügigkeit. Wenn ich eine Aufmunterung brauche, bemühe ich mich, jemandem bewusst ohne Gegenleistung etwas Gutes zu tun. Denn was man an guten Gefühlen ins Universum investiert, bekommt man in der Regel postwendend zurück. Dafür sorgt schon das Belohnungszentrum im Gehirn durch die Ausschüttung von Oxytocin. Wir nennen es auch: Freude am Geben.

Ich war zum Beispiel an einem Samstag mal zwei Stunden lang glücksgeflutet, weil ich einer Paketbotin ein Eis ausgegeben hatte, ohne es ihr zu sagen. Als ich sie zufällig im Eiscafé entdeckt hatte, war ich zur Kasse gegangen, hatte von ihr unbemerkt ihre Rechnung beglichen und war wieder verschwunden, ohne ein Wort zu sagen. Auch Rettungssanitätern bezahle ich gern heimlich den Kaffee – verbunden mit einer kleinen Dankesnotiz für ihre Arbeit, die der Kellner übergibt, wenn ich schon längst gegangen bin. Wenn ich den Brenner überquere, begleiche ich jedes Mal die Mautgebühr für meinen Hintermann mit – versehen mit einer kleinen Grußbotschaft, die die freundliche Kassiererin ihm überreicht. Diese »Random Acts of Kindness« (»Spontane Gesten der Freundlichkeit«) sind die Gründungsidee einer US-amerikanischen Stiftung, die sich mit der Erforschung von Freundlichkeit beschäftigt und durch ihre Lernressourcen mehr Freundlichkeit in die Welt zu tragen versucht.[31] Ich kultiviere sie in meiner Familie inzwischen seit langer Zeit – weil ich daran glaube, dass Freundlichkeit ansteckend ist.

Wer sich großzügig zeigt, erlebt den positiven Effekt von Freundlichkeit am eigenen Leib.

20. Meinung ändern und ändern lassen

Der folgende Satz wird es Ihnen viel leichter machen, in Zukunft freundlicher zu sein: Menschen irren sich. Ja, genau. Danken Sie mir später. Manchmal gerate ich ins Träumen und stelle mir eine Welt vor, in der wir miteinander reden, als ob wir tatsächlich alle gleich wären: Menschen unter Menschen. Verrückt, ich weiß. Folgen wir der irrwitzigen Idee trotzdem für einen Moment: Wie freundlich wäre diese Welt! Denn wenn wir einander dieselben Stärken und Schwächen, Rechte und Pflichten, Siege und Niederlagen zugestehen würden, die wir uns selbst im Laufe unseres Lebens genehmigen, dann wäre eines völlig klar: Andere dürfen sich irren, Fehler machen und ihre Überzeugungen korrigieren, und deshalb auch: ihre Meinung ändern. Ich selbst tue das nämlich auch. Ständig.

Die Bereitschaft, seine Meinung zu ändern, ist in meinen Augen ein Grundpfeiler der gelingenden Kommunikation. Eine Anschauung zu überwinden, ist ein großer Moment. Es ist ein Akt der Größe, weil wir daran wachsen. Wenn wir nicht bereit sind, als ein anderer Mensch aus einem Gespräch herauszukommen, als der wir es begonnen haben, dann reden wir nicht miteinander, sondern aufeinander ein oder aneinander vorbei. Wer nie seine Meinung ändert, hört anderen nicht richtig zu und hat nichts dazugelernt.

Seine Meinung ändern zu können, ist respektvoll. Freundlich ist, dasselbe auch anderen zuzugestehen. Leider haben wir damit oft ein viel größeres Problem als damit, uns selbst Irrtümer zuzugestehen. Wir stellen vielmehr viel zu schnell die Konsistenz anderer infrage: »Aber Sie haben doch neulich noch gesagt …!« Und genau das wird als extrem unfreundlich wahrgenommen.

Ich finde diesen moralisierenden Umgang mit Entscheidungsträgern in unserer Debattenkultur, aber auch mit den Menschen in unserer unmittelbaren Umgebung bedauerlich. Er schafft eine schräge Erwartungshaltung, die besonders von manchen Medienvertretern gezielt gefördert wird. In Talkshows werden die Gäste von ihren Gastgebern manchmal gezielt in die Inkonsistenz hineinmoderiert.

Politiker werden rhetorisch zu einer Festlegung in einem bestimmten Punkt gezwungen (etwa zur Energiewende, zur Maut oder zu Steuererhöhungen) – nur um dann mit einer Aussage aus dem letzten Wahlkampf konfrontiert zu werden, die dem gerade getroffenen Statement widerspricht. Die ist natürlich zuvor recherchiert und der Widerspruch bewusst herbeigeführt worden. Dass man inzwischen möglicherweise gereift ist und Anschauungen überwunden hat, wird als Haltung nicht akzeptiert.

Privat tun wir das ständig – Überzeugungen revidieren, weil wir reifen. Das kann sogar ein großer Moment im Leben sein, den wir feiern und genießen, weil es ein Moment des Wachstums ist. Wenn es nicht so verpönt wäre, dass wir unsere Meinung ändern und das dann auch noch einräumen, dann könnten wir uns ganz anders auf Gespräche einlassen. Dann wären wir nicht so konfrontativ und bissig, wie wir das oft erleben, weil wir das Gefühl haben, uns unserer Haut erwehren zu müssen. Und zwar nicht nur in Talkshows, sondern auch in den ganz alltäglichen Gesprächen.

Irren ist menschlich – es anderen zuzugestehen, ist freundlich.

21. Aufrichtig um Entschuldigung bitten

Sosehr man sich auch bemüht, ein freundlicherer Mensch zu werden: Missgeschicke und Missverständnisse kommen nun mal vor. Wer nichts zu bereuen hat, sollte uns eher verdächtig sein als sympathisch.

Was tut der freundliche Mensch aber, wenn er einen Fehler begangen hat, wenn er jemandem zu nahe getreten ist oder sich im Ton vergriffen hat? Er entschuldigt sich. Es gibt kaum eine bessere Gelegenheit, Charakter zu zeigen. Wirklich freundliche Menschen haben keine Schwierigkeiten damit, sich zu entschuldigen – weil sie in der Lage sind, schlechte Kommunikation zu bereuen und durch bessere zu ersetzen.

Reue ist ein gutes Stichwort, denn beim Entschuldigen lauert eine Falle: Entschuldigung ist nicht gleich Entschuldigung. Oft werfen wir dem Betroffenen einfach nur ein »Sorry« oder »'tschuldigung« hin und lassen es dabei bewenden. Das ist keine freundliche, sondern eine sogenannte ritualisierte Entschuldigung. Und mit denen werfen wir geradezu um uns: Wir gehen auf der Straße beiseite und sagen »Entschuldigung!«, wir rufen Kellner mit »Entschuldigung!« und leiten sogar Bitten damit ein: »Entschuldigung, ich hätte noch eine Frage.« Weil wir dieses Wort inflationär nutzen, hat es irgendwann nicht mehr die gewünschte Wirkung, wenn wir es ernst meinen. Mit »sorry« ist es genauso. Wie soll eine düpierte Gesprächspartnerin da unterscheiden können, ob die Entschuldigung aufrichtig gemeint ist oder nicht?

Eine aufrichtige Entschuldigung hat drei Bestandteile:

1. Reue,
2. Empathie,
3. einen Plan.

Im ersten Schritt geht es darum, Reue zu zeigen. Das Gegenüber soll spüren können, dass es Ihnen wirklich leidtut. Reue muss man ausformulieren. Am besten geht das, indem man zeigt, dass man den Grund für die Enttäuschung verstanden hat: »Es tut mir wirklich leid, dass ich deinen Wunsch einfach übergangen habe.«

Empathie zeigt der Gesprächspartnerin, dass man sich in sie hineinversetzt hat. Man gibt damit zu verstehen, dass man sich vorstellen kann, welche Gefühle man ausgelöst hat: »Das war bestimmt eine große Enttäuschung für dich.«

Drittens zeigt der Plan dem Empfänger der Entschuldigung, dass man es ernst meint, wenn man Besserung gelobt. Am besten ist es, zum Schluss eine möglichst konkrete Maßnahme vorzuschlagen, die den angerichteten Schaden kitten hilft: »Beim nächsten Mal beziehe ich dich von Anfang an in den Entscheidungsprozess ein.« Der Wille zur Wiedergutmachung zeigt: Ja, du bist mir wichtig, und ich will das wieder in Ordnung bringen.

Eine aufrichtige Entschuldigung nach diesem Muster kann eine unglaubliche Kraft entwickeln – sogar dann noch, wenn sie erst lange nach der ursprünglichen Verletzung stattfindet. Besser spät als nie! Wenn man ein wenig Zeit und Liebe in diesen wichtigen Moment einer Beziehung investiert, wird sie an dieser Bewährungsprobe nicht scheitern, sondern im Gegenteil wachsen. So kann aus einem Fehltritt sogar eine besonders freundliche Erinnerung werden.

Eine unaufrichtige Entschuldigung erkennt man hingegen daran, dass sie die Verantwortung beim Empfänger sucht, nicht beim Absender. So hat Markus Söder einmal gesagt: »Es tut mir leid, dass Sie sich gekränkt gefühlt haben« – das Gegenteil von Verantwortungsübernahme. Bei einer aufrichtigen Entschuldigung geht es nie um mich selbst, nie um Absolution, sondern um die Empathie für den anderen.

Eine aufrichtige Entschuldigung braucht Reue, Empathie und einen Plan.

22. Die Zeit anderer angemessen nutzen

Freundlichkeit erschöpft sich nicht in der Frage, wie wir mit anderen reden. Sie bezieht auch ein, wozu wir unsere Redezeit mit anderen nutzen. Wenn Zeit unsere wichtigste Ressource ist, dann ist ein angemessener Umgang mit der Zeit anderer ein Zeichen von Respekt. Ich empfinde es als ausgesprochen rücksichtvoll, wenn Menschen achtsam mit meiner Zeit umgehen.

Das ist bei anderen Menschen natürlich nicht anders. Deshalb werde ich hin und wieder für meine Neigung kritisiert, Sprachnachrichten statt Textnachrichten zu verschicken. Für mich ist das praktischer, vor allem wenn ich unterwegs bin und es eilig ist – eine Botschaft einsprechen kann ich zum Beispiel auch beim Autofahren. Doch oft ist es tatsächlich so, dass dieses Format vor allem für mich selbst hilfreich ist – nicht für den anderen, der vielleicht nur eine kurze Antwort haben wollte, sich nun extra Notizen machen muss oder eine Sprachnachricht gerade nicht abhören kann.

Manchmal macht unsere Lebensweise es uns ganz schön schwer, achtsam mit der Zeit anderer zu sein. Kommunikationskanäle wie WhatsApp erfordern ein hohes Maß an Selbstdisziplin und Selbstachtsamkeit aufseiten der Empfängerin. Die bringt nicht jeder auf; mancher ist auch an Feiertagen und am späten Abend noch erreichbar, weil er das für notwendig hält oder anderen zu schulden glaubt.

Auch wenn jeder selbst dafür verantwortlich ist, wie er mit den modernen Kommunikationsmedien umgeht: Diese Menschen mögen es als übergriffig und achtlos empfinden, wenn sie sich zu ungewöhnlichen Zeiten mit Nachrichten oder Anfragen konfrontiert sehen. Sie könnten sich selbst schützen, doch nicht jeder ist dazu in der Lage.

Ein typischer Achtlosigkeitsmoment sind auch ausufernde Gesprächsrunden. Wer hat sich noch nie über ein stundenlanges ineffizientes Meeting geärgert? Organisierte Zeitverschwendung ist eine der großen Respektlosigkeiten unserer Zeit – und sie geht meistens von denen aus, gegen die wir uns nicht zu wehren können glauben.

Oft werde ich von Seminarteilnehmern gefragt, wie sie Menschen begegnen können, die einfach nicht aufhören wollen zu reden. Hier kann es sinnvoll sein, von vornherein darauf hinzuweisen, dass man wenig Zeit hat. So wirkt es später weniger unfreundlich, wenn man daran erinnert: »Tut mir leid, wenn ich dich unterbrechen muss, aber leider muss ich jetzt wirklich los.« Das ist wie der Unterschied zwischen den normalen Polit-Talkshows und dem Kanzlerduell. Bei Ersteren beschweren sich die Gäste regelmäßig, wenn sie schneller unterbrochen werden als ihre Kontrahenten. Beim Kanzlerduell besteht diese Gefahr nicht, weil die Redezeit von vornherein begrenzt ist.

Wann, wie lange und wozu wir andere beanspruchen dürfen, ist eine sehr individuelle Frage, die sich nicht pauschal beantworten lässt. Wo hört in der Kommunikation Flexibilität auf, und wo beginnt Achtlosigkeit? Das ist eine Frage, die sich jeder von uns bewusst stellen sollte. Denn kaum etwas in der Kommunikation fühlt sich so unfreundlich an, als wenn Menschen respektlos mit unserer Zeit umgehen.

Der achtsame Umgang mit der Zeit anderer ist ein Zeichen von Respekt.

23. Timing beachten

Das Timing kann ein entscheidender Faktor für den Erfolg von Kommunikation sein: Wir nehmen uns die Chance auf einen freundlichen Austausch, indem wir reden, wenn wir nicht die Kapazität dafür haben.

Gerade in der Familie finden die wichtigen Gespräche oft beim Abendessen statt. Wer kennt das nicht: Nach einem harten Arbeitstag, Streit mit dem Vorgesetzten, einem anstrengenden Banktermin und Hausaufgaben mit den Kindern hat man sich noch zum Kochen aufgerafft. Eigentlich sind keine Kraftreserven mehr übrig. Warum glauben wir, ausgerechnet jetzt über die gerechte Aufgabenverteilung im Haushalt diskutieren zu müssen?

Oft genug enden solche Gespräche damit, dass beide Seiten irritiert oder sogar verärgert ins Bett gehen. So klärt man keine Probleme, so zerrüttet man Beziehungen.

Das Schlimmste an solchen Gesprächen ist, dass man hinterher oft nicht einmal sagen kann, was eigentlich schiefgelaufen ist. Warum hat es sich angefühlt, wie gegen eine Wand zu reden? Wahrscheinlich deshalb, weil es genau so war. Wenn wir uns misslungene Kommunikation nicht erklären können, war das Gespräch ganz oft einfach von vornherein zum Scheitern verurteilt. Nicht weil man nicht in der Lage wäre, sich zu verständigen, sondern weil das Timing falsch war.

»Timing ist alles« – diese Weisheit stimmt so natürlich nicht: Der Zeitpunkt allein macht noch keine freundliche Kommunikation. Zur Verständigung braucht es die richtige Haltung und auch die richtigen Worte. Aber wie bei so vielen Volksweisheiten steckt ein Körnchen Wahrheit darin: Ohne das richtige Timing klappt in der Kommunikation oft tatsächlich nichts. Denn noch das beste Argument wird nicht ziehen, wenn es nicht auf den fruchtbaren Boden der Aufmerksamkeit fällt. Selbst der empathischste Mensch kann kein Verständnis für mich aufbringen, wenn er gerade nicht imstande ist, mir richtig zuzuhören.

Wann aber führen wir die meisten klärenden und die meisten Konfliktgespräche? Aus dem akuten Anlass heraus – und damit in einer genervten, oft sogar unkooperativen Stimmung, wenn wir von starken Gefühlen beeinflusst sind. Statt uns erst eine Strategie zu überlegen, führen wir ausgerechnet die schwierigsten Gespräche oft hoch emotionalisiert im Moment größter Anspannung. Wir sind in diesen Momenten in eine Art »hormonellen Nebel« gehüllt (so Vera F. Birkenbihl), der einer Lösungsfindung alles andere als dienlich ist: In einer solchen Stimmung wollen wir nicht in erster Linie klären, sondern kämpfen und den anderen in die Pfanne hauen – und genauso verlaufen dann meistens auch die Gespräche.

Selbst wenn in dem Gespräch, das auf einen Wutreiz folgt, positive Signale gesendet werden, kommen die also vielleicht nicht an. Wir sind nämlich nicht auf die aktuelle Aussage fokussiert, sondern hängen auf dem vorherigen Reiz fest und sind in den inneren Widerständen gefangen, die davon hervorgerufen worden sind. Der Begriff »blind vor Wut« bezieht sich genau auf dieses Phänomen: Man ist nicht mehr empfänglich für die Botschaften, die andere senden, wenn man zum Zeitpunkt des Gesprächs in einem emotionalen Paralleluniversum gefangen ist, in dem alles eine andere Farbe hat. Es ergeht einem wie Dr. Strange im Multiversum: Auf der Wahrnehmungsebene, auf der man gerade feststeckt, ist die ganze Angelegenheit, vielleicht sogar die ganze Beziehung, gefühlt anders verlaufen, und die Worte von einer anderen Ebene dringen nicht durch.

Grundsätzlich ist es natürlich richtig, Probleme schnellstmöglich anzusprechen. Vor allem ist es nachvollziehbar: Mitten in der Situation ist der Bedarf nach Klärung natürlich am größten. Das gilt aber leider auch für die Emotionen. Deshalb ist es grundsätzlich besser, schwierige Gespräche zu führen, wenn man die mentale Kapazität dafür hat und Gelegenheit hatte, mit abgekühlten Emotionen über den Gesprächsanlass nachzudenken.

Reden ist Silber, Timing ist Gold.

24. Fehler feiern

Fehler sind – das ist hoffentlich schon im letzten Tipp deutlich geworden – ein wunderbarer Anlass, freundlich zu sein. Fehler sind nämlich nichts anderes als Erkenntnismomente. Sie bilden eine perfekte Lernvorlage, Entwicklungsbasis und Wachstumsgrundlage. Fehler sind Gold wert – und in den meisten Fällen auch mehr als der Schaden, den sie anrichten.

Diese positiven Nachwirkungen treten allerdings nur unter einer Bedingung ein: Um von Fehlern profitieren zu können, müssen wir einen positiven Umgang damit finden. Das fällt uns schon als Eltern manchmal schwer, wenn die Kleinen Mist bauen. Als Partner, Kollegen oder Vorgesetzte ist es noch viel schwerer. Schließlich wachsen wir, beginnend mit der Schulzeit, in eine ritualisiert verurteilende Fehlerkultur hinein, die sich im Laufe der Ausbildung und des Berufslebens immer weiter vertieft.

Fehler kosten in unserer Welt Geld, Zeit und Karrieren – so jedenfalls wird es uns von Lehrern, Vorgesetzten und auch in öffentlichen Debatten nahegelegt. Kolleginnen, die Fehler machen, werden versetzt oder gekündigt. Manager, die sich verschätzen, werden beurlaubt. Politikerinnen, die auf die falsche Prognose setzen, müssen ihr Amt räumen. Experten, die sich irren, werden als inkompetent verurteilt. Promis, die sich wie Menschen verhalten, werden an den Pranger gestellt.

Unverzeihlich ist in Wahrheit nur ein einziger Fehler: aus Fehlern nichts zu machen.

Manche Unternehmen haben das erkannt und kultivieren den positiven Umgang mit Fehlern als Basis der gemeinsamen Weiterentwicklung. Im Tagungshotel Schindlerhof in Nürnberg wird beispielsweise der »Fehler des Monats« prämiert. Die Führungskräfte des Hauses treffen sich, um darüber zu sprechen, was zuletzt alles schiefgegangen ist. Dann wählen sie den lehrreichsten Fehler aus, und der Verursacher bekommt einen Preis dafür. Gemeinsam wird auf den Fehler angestoßen, um Dankbarkeit dafür auszudrücken, dass der Fehler kommuniziert wurde – denn nur so kann man gemeinsam daraus lernen, den Fehler zukünftig zu vermeiden und das Unternehmen auf dieser Grundlage weiterzuentwickeln. In einem solchen Milieu fällt es allen leichter, offen über Schwierigkeiten und Missgeschicke zu sprechen, was wiederum die Bereitschaft für kreatives Arbeiten und das Ausprobieren neuer Ideen erhöht.

Wir sollten Menschen daran messen, wie sie damit umgehen. Ein souveräner Umgang mit Fehlern verdient keine Strafe, sondern Respekt. Wer seine Fehler offen einräumt, zur Diskussion stellt und damit auch anderen als Wachstumschance zur Verfügung stellt, gehört nicht gefeuert, sondern gefeiert.

Eine schwierige Verhaltensweise ist eine noch nicht gelernte Fertigkeit. Es ist wichtig, Fehler ernst zu nehmen und abzustellen – aber noch wichtiger ist es, sie zu erkennen und zu verstehen. In einem Klima der Angst ist das nicht möglich, weil Fehler verschwiegen werden.

Fehler sollten keine Tabus sein, sondern Gesprächsanlässe. Damit schaffen wir eine Kultur des Wachstums. Wir sollten nicht über Fehler schimpfen; wir sollten Geschichten über die wundervollen Dinge erzählen, die daraus entstehen können. So wie die Geschichte der Entdeckung des Penicillins durch Alexander Fleming, die Millionen von Leben gerettet hat. Dazu kam es nur dank einer Unachtsamkeit des Forschers auf dem Weg in den Urlaub. Er hatte das Fenster offen stehen lassen, wodurch seine Versuchsanordnung von Sporen kontaminiert wurde. Nach seiner Rückkehr legte er die Petrischalen unters Mikroskop – und der Rest ist Geschichte.

Wir sollten Fehler nicht tabuisieren, sondern freundlich thematisieren.

25. Duzen statt siezen – oder umgekehrt?

Spätestens seit den Zeiten der New Economy halten viele Menschen das Du für das neue Sie, also: für den Normalfall in der Bürokommunikation. Wenn wir einander beispielsweise im beruflichen Umfeld informell ansprechen, so die Theorie, verringert sich dadurch das Hierarchieempfinden. Das Du soll die Hemmschwelle im Umgang miteinander senken und dadurch alltägliche Kommunikationsfälle wie Diskussionen und Kritik erleichtern, weil man auf Augenhöhe entspannter und wohlwollender aufeinander zugeht.

Das Du soll das Miteinander entkrampfen, indem es Distanz abbaut.

Letzteres tut es zweifellos – Ersteres nicht unbedingt. Denn genauso, wie das Du eine legitime Funktion in unserem Sprachgebrauch hat, erfüllt auch das Sie einen bestimmten Zweck. Es dient laut Duden-Redaktion dazu, eine »notwendige und durchaus nützliche Distanz« zu wahren.[32]

Wie viel Nähe entsteht wirklich, wenn Konzernvorstände ihre Vorgaben plötzlich im Kumpelton kommunizieren? Von den Mitarbeitenden wird das »verordnete Du« oft als Nähespiel empfunden, das nicht ernst gemeint ist, sondern nur eine besonders fadenscheinige Motivationsmaßnahme, um die Identifikation mit dem Unternehmen zu erhöhen, oder genauer gesagt: die gefühlte accountability.[33]

Das Du als Daumenschraube: Kein Wunder, dass die Form der Ansprache sich in manchen Unternehmen zu einem Politikum entwickelt hat.

Welche Auswirkung auf das eigene Wohlbefinden die Entscheidung zwischen Du und Sie haben kann, kann jeder leicht bei sich selbst überprüfen, indem er sich fragt: Welches Gefühl löst es bei mir aus, wenn ich von einer fremden Person ungefragt geduzt werde? Viele Menschen fühlen sich davon bedrängt oder nicht respektiert.

Gerade im Büro kann das durchaus zu unangenehmen Situationen führen. Nicht jeder wird zum Beispiel gern von seiner Vorgesetzten geduzt – besonders, wenn er erst seit gestern im Unternehmen ist. Laut Duden-Empfehlung zeugt es sogar von schlechten Manieren, wenn Ranghöhere ihre Untergebenen ungefragt duzen oder wenn Angehörige bestimmter Berufsgruppen grundsätzlich geduzt werden.[34] Nur weil man nach dem dritten Bier gut drauf sein mag, ist das also noch lange kein Grund, den zwanzig Jahre älteren Bartender ungefragt zu duzen, weil der so geduldig zuhört.

Manche rangniedrigere Mitarbeitende fühlen sich auch unwohl damit, ihren Vorgesetzten zu duzen; schließlich wachsen wir mit der Konvention auf, dass Ältere und Ranghöhere gesiezt werden. Diese naturgegebene Distanz lässt sich nur durch eine gewachsene Beziehung aufheben, nicht aber wegbefehlen.

Eine wirtschaftspsychologische Studie hat Klarheit darüber geschaffen, was Angestellte sich wirklich wünschen: die individuell freie Entscheidung darüber, mit wem sie sich duzen oder siezen. Dasselbe gilt übrigens für die Kundenkommunikation.[35] Das liegt daran, dass viele nach einer gewissen Zeit der vertrauten Zusammenarbeit schon gern zum »verbindlichen Du« übergehen möchten – nur eben zum richtigen Zeitpunkt und nach einvernehmlicher Absprache.

Wie wir mit anderen sprechen, ist nun einmal eine Frage der Beziehung. Und nichts auf der Welt ist individueller als die Interaktion zweier Individuen.

Ob das Du tatsächlich freundlicher ist als das Sie, ist eine Frage der Beziehung.

26. Sich Zeit für Feedback nehmen

Wenn Sie einem Menschen eine Freude machen wollen, geben Sie ihm Feedback. Ich bin der Erste, der sich bei diesem Thema an die eigene Nase fassen muss. Telepathie ist nun mal noch nicht erfunden: Nur weil ich meine Mitarbeiterinnen schätze, überträgt sich das nicht automatisch in deren Wahrnehmung. Ich muss es ihnen ab und zu sagen.

Und ich gebe mir die größte Mühe, darin besser zu werden, weil ich inzwischen verstanden habe: Kaum etwas anderes macht uns neugieriger als die Frage, was andere von uns und unseren Leistungen halten mögen.

Genau aus diesem Grund treiben zum Beispiel Mitarbeitergespräche auch vielen Feedbackgebenden den Schweiß auf die Stirn. Weil man weiß, wie wichtig diese seltene Rückmeldungsschleife ist, will man achtsam vorgehen – gleichzeitig aber auch kritisch anmerken, was gesagt werden muss. Mehr noch als über die inhaltliche Rückmeldung machen viele sich übermäßig viele Gedanken darüber, wie sie das Feedback formulieren sollen – ganz besonders, wenn es tatsächlich Anlass zur Kritik gibt.

Einerseits ist das gut so: Feedback ist ein sensibler Gesprächsanlass; vor allem dort, wo es nur selten stattfindet. Andererseits kann die Sorge um die richtigen Worte auch eine klare Kommunikation verhindern – ein Dilemma, das Lehrende und Vorgesetzte aus leidvoller Erfahrung kennen.

Deshalb möchte ich eine Lanze für das offene Worte brechen: Feedback ist freundlich, wenn es produktiv kommuniziert wird. Nicht nett, nicht beschönigend, nicht anbiedernd: produktiv. Menschen können auch mal ein unbedachtes Wort verzeihen, solange sie erkennen: Da ist jemandem wichtig, dass ich ihn verstehe. Denn wer sich die Mühe macht, mir Verbesserungspotenziale aufzuzeigen, der hat noch etwas mit mir vor.

Das ist es nämlich, wovor die meisten Menschen tatsächlich Angst haben, wenn sie Feedback von einer Respektsperson bekommen: Sie sorgen sich um den Respektentzug (je nach Beziehung auch den Liebesentzug), nicht um die eigentliche Beurteilung. Wer das weiß und beachtet, hat beim Feedback rhetorisch alle Freiheit, die er braucht.

Klar in der Sache, respektvoll zum Menschen: Das ist auch beim Feedback die Formel der Freundlichkeit. Bleibt die Frage: Wie »entschärft« man die Sorge um die Beziehungsebene, damit man auf der Sachebene offen sprechen kann?

Die wichtigste Regel an dieser Stelle ist Transparenz: Ein typischer Irrtum von Führungskräften ist der Glaube, Kritik wäre leichter verdaulich, wenn man sie zwischen zwei Scheiben Lob packt. »Sie wissen ja, ich bin ein großer Fan Ihrer lösungsorientierten Kommunikation. Allerdings hatte ich kürzlich mehrere Beschwerden von Kunden, mit denen Sie ein bisschen zu forsch umgesprungen sind. Das geht nicht, da müssen Sie diplomatischer werden. Kundenkommunikation ist heute das A und O, damit steht und fällt alles. Aber wie Sie den Workflow in Ihrem Team bereinigt haben, dafür feiere ich Sie.«

Was soll der Betreffende aus dieser Ansage lernen? Feedback dient der Weiterentwicklung, dafür muss es produktiv sein. Eine solche Rückmeldung erzeugt beim Empfänger vor allem Irritation und Unsicherheit.

Zum einen wird das Lob hier instrumentalisiert, um Kritik an den Mann zu bringen; das lässt den Absender unglaubwürdig wirken. Wird er das nächste Mal von diesem Vorgesetzten gelobt, wird er Schwierigkeiten haben, das Kompliment ernst zu nehmen. Und das ist ein Jammer, denn Lob dient der Weiterentwicklung. Wird es mit unlauteren Motiven aufgeladen, verfehlt es diese Wirkung.

Zum anderen braucht Kritik kein Zuckerbrot, wenn sie auch auf die Peitsche verzichtet. Direkt und konstruktiv vorgetragen, wirkt es am besten – dann ist es nämlich auch freundlich.

Machen Sie sich locker: Feedbackgespräche sollten weder Absender noch Empfänger unter Druck setzen. Menschen sehnen sich nach Feedback. Wer sich Zeit dafür nimmt, demonstriert damit bereits Zuwendung.

Sich Zeit für Feedback zu nehmen, ist eine Form der Beziehungspflege – Kritik eingeschlossen.

27. Unsicherheit auffangen

Niemand ist empfänglicher für Freundlichkeit als ein Mensch, der in seiner Unsicherheit gefangen ist. Allerdings ist es in genau diesen Situationen auch besonders anspruchsvoll, die richtigen Worte zu finden. Unsichere Menschen sind besonders verletzlich; was andere als Ermunterung empfinden würden, trägt bei ihnen möglicherweise zusätzlich zu ihrer gestressten Grundstimmung bei.

Sind wir mit Unsicherheit konfrontiert, ist die Versuchung oft groß, mit Floskeln dagegenzuhalten: »Das machst du doch mit links!« – »Das wird schon klappen!« oder, besonders hilfreich: »Da mussten andere auch schon durch!« Doch für solche bagatellisierenden Binsenweisheiten sind unsichere Menschen am wenigsten empfänglich, weil diese Aussagen das zentrale Problem ignorieren: Unsicherheit ist immer individuell. Die Gründe, warum wir in einer bestimmten Situation sorgenvoll oder ängstlich reagieren, sind hochgradig persönlich. Um diese ganz spezifisch motivierte Unsicherheit aufzufangen, braucht es mehr als Motivationsfloskeln.

Eine Technik, die zuverlässig funktioniert, ist die Einladung zum Worst-Case-Szenario. Denn sie hilft der unsicheren Person, eine Brücke aus dem emotionalen Nebel zu einer rationaleren Sichtweise zu bauen.

Vor vielen Jahren bestritt ich einmal eine Veranstaltung mit einer Kollegin, die noch nie vor einer größeren Menschenmenge gesprochen hatte. Genau das stand ihr an jenem Tag jedoch bevor. Als ich ihr morgens am Frühstückstisch im Tagungshotel begegnete, fand ich sie vollkommen aufgelöst vor. Sie war so ängstlich, dass sie kaum noch klar denken konnte. Also lud ich sie ein, den Teufel an die Wand zu malen: »Annette, ich will verstehen, warum du dir solche Sorgen machst. Sag doch mal, was kann denn schlimmstenfalls passieren?«

»Na ja«, antwortete Annette, »vielleicht gehen die Leute früher, wenn ich nicht gut bin. Vielleicht stehen sie einfach auf, wenn es ihnen nicht gefällt. Vielleicht kriege ich schlechte Bewertungen, und der Veranstalter möchte nicht mehr mit mir arbeiten. Oder wir können meinetwegen in Chemnitz mit dieser Tagung nicht Fuß fassen.«

Schon war sie einen wichtigen Schritt gegangen: Aus der diffusen Angst waren konkrete Befürchtungen geworden – und mit denen lässt sich wesentlich besser arbeiten. Annette wurde klar: Wenn all diese Befürchtungen eintraten, wäre das zwar zweifellos ärgerlich, aber das Ende ihrer beruflichen Existenz würde es nun auch wieder nicht bedeuten. Sie erkannte, dass ihre Angst möglicherweise übertrieben war, denn die potenziellen Konsequenzen waren letztlich überschaubar.

Ein weiterer Effekt des Gedankenexperiments war, dass auf diese Weise ein klärender Dialog in Gang kam, der zwei Vorteile mit sich brachte: Zum einen führte er dazu, dass Annette sich ihren Befürchtungen stellte – und allein das lässt uns in Momenten der Unsicherheit schon ein großes Maß an Zutrauen gewinnen.

Zum anderen verfügte ich als Gesicht der Freundlichkeit in diesem bedrohlichen Szenario nun über konkrete Informationen, mit denen ich arbeiten konnte. Auf dieser Grundlage war es mir möglich, Entgegnungen zu finden, die meine Kollegin nicht nur beruhigten, sondern konkret entlasteten: »Annette, wenn Leute früher gehen, haben wir weniger Teilnehmer. Für die wird es intensiver und damit besser. Dann wird die Veranstaltung vielleicht sogar noch besser aufgenommen. Wenn die Bewertungsbögen schlecht ausfallen, dann vergesse ich die eben. Und wenn wir in Chemnitz nicht Fuß fassen, dann müssen wir nicht mehr nach Chemnitz …«

In Momenten großer Unsicherheit ist wohlmeinender Zuspruch allein oft nicht hilfreich. Unsichere Menschen brauchen konkrete Entlastung, damit sie aus der emotionalen Befangenheit herausfinden und rational handlungsfähig werden. Ihnen psychologische Sicherheit zu schenken, kann sogar brenzlige Situationen entschärfen – und eine Basis für zukünftige Unsicherheiten schaffen. Die beste Freundlichkeit ist nachhaltig.

Unsichere Menschen fängt man auf, indem man ihnen auf den Boden der Tatsachen zurückhilft.

28. Überraschungsbereit bleiben

Freundlichkeit als Grundeinstellung des Zwischenmenschlichen beinhaltet auch ständige Lernbereitschaft. Freundlich sein ist leicht, wenn die Aussagen und Verhaltensweisen anderer bestätigen, was wir kennen und woran wir glauben. Was aber, wenn unser guter Wille auf die Probe gestellt wird, weil jemand anderer Meinung ist oder uns mit neuen Erkenntnissen oder Herangehensweisen konfrontiert?

Wer wirklich freundlich ist, kann solche Überraschungen aushalten und trotzdem im Gespräch bleiben. Wir müssen nicht immer alles verstehen, was andere sagen. Schon gar nicht müssen wir uns in allem einig sein. Doch zur Kunst, ein freundlicher Mensch zu sein, gehört die Fähigkeit, neue Ideen und unbekannte Vorstellungen in den Dialog zu integrieren, und mehr noch: daraus zu lernen und daran zu wachsen.

Gefangen in unseren Meinungsblasen, fällt uns das heute gar nicht mehr so leicht. Die Überkomplexität der Informationsgesellschaft kann den Wunsch zur Vereinfachung und Reduktion auslösen. Zu viel Veränderung um uns herum kann uns reizbar und impulsiv machen. Alles Neue löst erst einmal Widerstände in uns aus, alles Fremde lässt uns zurückschrecken.

Doch Kommunikation kann all diese Fallgruben überbrücken, wenn wir es nur wollen. Dafür ist es allerdings notwendig, dass wir uns selbst zu hinterfragen bereit sind und auch gewachsene Anschauungen nicht als alternativlos betrachten. Wir sollten bereit sein, als ein anderer Mensch aus einem Gespräch herauszukommen, als der wir hineingegangen sind. Unterschieden offen zu begegnen, sie verstehen zu wollen und ins eigene Denken zu integrieren, ist vielleicht das größte Potenzial des menschlichen Verstandes. Unsere Lernfähigkeit hat die Zivilisation und das Leben, das wir heute führen, überhaupt erst ermöglicht.

Doch Lernen setzt voraus, dass wir es im Gespräch überhaupt erst einmal über die Schwelle des Widerstands schaffen und uns mit abweichenden Ideen, Verhaltensweisen und Haltungen auseinandersetzen.

Ein Theoriemodell, das dabei sehr hilfreich ist, ist das sogenannte Learner-Judger Mindset Model der US-amerikanischen Psychologin Marilee G. Adams.[36] Es geht davon aus, dass jeder Mensch zwei diskursive Mindsets beziehungsweise Haltungen in sich trägt, die zu unterschiedlichen Verhaltensweisen im Gespräch führen: die lernende (»Learner«) und die urteilende Haltung (»Judger«).

Aus evolutionären Gründen tragen wir beide Haltungen in uns und werden beide auch unser ganzes Leben lang beibehalten.[37] Die urteilende Haltung geht vor allem auf unseren Überlebensinstinkt zurück:[38] Unsere Vorfahren mussten blitzschnell zwischen Freund und Feind unterscheiden können. Die lernende Haltung wiederum ist ein Produkt unserer Neugier und unseres Forscherdrangs.

Grundsätzlich pendelt jeder Mensch mit individuell unterschiedlicher Frequenz und Intensität zwischen den beiden Haltungen. Entscheidend für das Verhalten in einer bestimmten Situation ist, wie wir aufgrund unserer aktuellen Haltung mit den Aussagen des Gegenübers umgehen. Solange wir in der urteilenden Haltung bleiben, stellen wir uns innerlich bestimmte Arten von Fragen, während wir die Situation und die Beziehung einzuordnen versuchen: Was will dieser Mensch von mir? Wo ist hier der Haken? Was für einen Unsinn redet der nur? Wie kann man an so etwas glauben?

Ertappt man sich bei der urteilenden Haltung und wechselt bewusst in die lernende Haltung, kann man sich andere Fragen stellen, die auf Verständnis gerichtet sind: Wie ist diese Person zu dieser Überzeugung gekommen? Was kann ich aus dieser Sichtweise lernen? Welche Annahmen und Vorurteile führen dazu, dass ich überrascht bin? Welche Informationen fehlen mir? Welche Gemeinsamkeiten gibt es neben den Unterschieden?

Ein Bewusstsein für die innere Haltung zu entwickeln, ist eine Voraussetzung für Freundlichkeit.

Eine lernende Haltung kann Brücken über Meinungsgräben bauen.

29. Gemeinsamkeiten suchen und nutzen

Was nützt die viel beschworene Durchsetzungsfähigkeit, wenn Menschen nicht kooperieren wollen? Wer eine innere Abwehr gegen die Vorstellung empfindet, allen Menschen – ungeachtet ihres Auftretens, ihrer Umgangsformen oder ihrer Rolle – mit einer freundlichen Grundeinstellung zu begegnen, wird eines doch kaum bestreiten: Die meisten Gesprächsanlässe im Alltag dienen dazu, möglichst reibungslos mit anderen zusammenleben und -arbeiten zu können. Man kann, aber man muss Freundlichkeit nicht als Selbstzweck betrachten. Sie dient einem alltagsrelevanten Zweck: der Kooperation. Die brauchen wir alle – ausnahmslos.

Ebenso ist statistisch unwiderlegbar, dass diese Kooperation bei den meisten Begegnungen auch tatsächlich stattfindet. Wäre es nicht so, wäre die Zivilisation längst den Bach runtergegangen: Familien könnten nicht zusammenleben, Unternehmen keine Gewinne erwirtschaften, sogar alltägliche Verrichtungen wie Einkaufen wären unmöglich.

Wie kommt das, wenn es an der ersehnten Freundlichkeit im Umgang miteinander scheinbar doch so oft mangelt? Wenn Menschen einander oft nicht freundlich gesinnt sind, warum können sie in aller Regel doch einigermaßen erfolgreich miteinander kooperieren?

Der Grund ist, dass es bei fast jeder Interaktion im Alltag irgendwelche Gemeinsamkeiten zwischen den beteiligten Personen gibt. Ohne die fände eine Begegnung meist ja gar nicht erst statt. Wenn ich mit meinem vollen Korb an der Supermarktkasse stehe, herrscht zwischen dem Kassierer und mir ein grundlegendes Einverständnis darüber, dass die

Ware irgendwie zu erfassen und zu bezahlen ist. Wie schlecht gelaunt beide Akteure bei dieser Interaktion auch sein mögen: Der grundsätzliche Wille zur Kooperation kann in 99,9 Prozent der Fälle vorausgesetzt werden.

Wie unterschiedlich die Vorstellungen von der Umsetzung eines Projekts zwischen Ihnen und Ihrer Vorgesetzten auch sein mögen: Sie wollen beide den Kunden zufriedenstellen und Umsatz erzielen, damit am Ende des Monats ein Gehalt überwiesen wird, und zwar idealerweise längerfristig.

Selbst bei kontroversen Gesprächen, in denen Uneinigkeit herrscht, gibt es fast immer eine grundsätzliche Schnittmenge. Sie mögen mit Ihrem Partner uneins sein, ob Ihr gemeinsames Kind zum Schüleraustausch nach New York oder nach Tokio gehen sollte; Sie teilen die Auffassung, dass die Lebenserfahrung, die neue Umgebung und die Auseinandersetzung mit einer anderen Kultur Ihnen guttun wird. Sie setzen sogar voraus, dass Ihr Kind am anderen Ende der Welt auf Menschen treffen wird, die diese Vorstellung teilen.

Mit jedem Menschen auf der Welt teilen Sie irgendeine Gemeinsamkeit. Das ist ein Versprechen. Und deshalb können Sie auch mit jedem Menschen auf der Welt in irgendeiner Weise erfolgreich interagieren, wenn es erforderlich ist. Die Gemeinsamkeit führt zu einem stillschweigenden Einverständnis. Die geteilte Absicht ermöglicht Kooperation.

Gespräche gelingen, wenn sie die gemeinsamen Interessen und Zielstellungen betonen. Dieses Prinzip kann uns als Maßstab dienen, wenn wir unseren Umgang mit anderen formen. Stellt man die Gemeinsamkeiten und geteilten Absichten in den Vordergrund, erreicht man seine Ziele schneller, erlebt einfachere Gespräche und baut leichter funktionierende Beziehungen auf. »Die Kalkulation muss bis 10 Uhr in der Buchhaltung sein; such du die Zahlen raus, ich kümmere mich um das Formular.« – »Paul spricht super

Englisch und brennt für Kendo; wir machen mit beiden Ländern nichts falsch.« – »Die Bananen beim nächsten Mal bitte selbst wiegen, aber heute mache ich das schnell für Sie.«

Freundlichkeit fällt leichter, wenn wir uns auf die Gemeinsamkeiten fokussieren.

30. Weniger hartnäckig sein

Freundlich zu sein wäre einfach, wenn die anderen nicht wären.

Klingt ironisch? Ist auch so gemeint. Wann immer es schwierig wird im Miteinander, wenn Gespräche scheitern, liegt es scheinbar an der anderen Person. In den meisten Situationen suchen wir die Ursache für Fehlkommunikation, Missverständnisse oder Konflikte nicht zuerst bei uns selbst, sondern beim Gegenüber. Wir selbst, davon sind wir grundsätzlich erst einmal überzeugt, handeln stets in guter Absicht und wollen niemandem etwas Böses. Also kann das Problem ja nur gegenübersitzen.

Dass wir im Grundsatz eine freundliche Haltung einnehmen, also gute Menschen sind und keinen Ärger wollen, mag stimmen. Dass wir uns deshalb auch immer freundlich verhalten, ist damit allerdings noch längst nicht garantiert. Da wir uns selbst aber nicht im selben Maße »reden hören«

können wie andere, betrachten wir schwierige Gespräche immer aus einer subjektiven Perspektive. Wir messen andere also an unseren eigenen Vorstellungen davon, was angemessen und wünschenswert ist. Wir versuchen, unsere Mitmenschen von unserer Sicht der Dinge zu überzeugen, weil wir glauben: Wo wir stehen, wird gleich das Licht angehen.

Wenn die andere Person darauf mit Widerständen und einer eigenen Meinung reagiert, sehen wir uns in unserer Haltung bestätigt: Der ist egoistisch, naiv, ahnungslos, unvernünftig oder ein Kontrollfreak – und muss überzeugt werden.[39]

Und dann geht der Spaß erst richtig los. Dann fangen wir nämlich an, jemanden zu überzeugen, der gar nicht überzeugt werden will, sondern einfach nur eine andere Sicht auf die Dinge hat. Bleibt der andere stur, versuchen wir noch hartnäckiger, ihn zu überzeugen. Du hältst nichts vom Tempolimit? Dann brauchst du offensichtlich eine Lektion über die Unfallstatistik. Erscheint uns der andere naiv, zeigen wir ihm erst mal, wo der Hase läuft. Du bist für eine Obergrenze im Asylrecht? Dann kannst du das Thema auch gleich den Gutmenschen überlassen. Verhält der andere sich vermeintlich egoistisch, bekommt er das erst mal knallhart gespiegelt: Du denkst doch nicht wirklich, dass dein fetter Diesel eine Alternative zur Elektromobilität ist?

All diese Dinge sagen wir im Glauben, dass wir den anderen mit den richtigen Argumenten schon umstimmen werden. Und plötzlich ist da ein Konflikt, wo eigentlich nur zwei unterschiedliche Menschen mit unterschiedlichen Vorgeschichten, Erfahrungen und Interpretationen sind. Solange wir uns die Geschichte des anderen aber nicht anhören, kommen wir gar nicht erst auf die Idee, dass an seiner Version der Welt auch etwas dran sein könnte. Stattdessen pochen wir auf Recht und Unrecht – und wundern uns, wenn das Gespräch nicht zu einer Einigung oder Lösung führt.

Solche Gespräche sind für beide Seiten unangenehm. Jeder fühlt sich nicht gehört oder schlecht behandelt. Nicht nur sind wir frustriert, weil die andere Person so unvernünftig ist, sondern auch, weil wir uns selbst so machtlos fühlen. Dem Gegenüber geht es genauso, und das ist auch nur logisch: Was ich sage, macht Sinn – und was der andere sagt, ebenso. Jeder hat seine eigene Version von einer Geschichte.[40]

Diese Geschichten entstehen auf häufig unbewusste, aber systematische Art und Weise: Wir sammeln Informationen, interpretieren sie und ziehen Schlussfolgerungen daraus. An jedem dieser drei Schritte können Abweichungen entstehen, wo die Geschichten zweier Menschen auseinanderklaffen. Informationen unterscheiden sich, weil wir andere Dinge bemerken als der andere und unsere Wahrnehmungen unterschiedlich gewichten. Interpretationen weichen ab, weil wir unsere individuellen Erfahrungen, Prinzipien und Überzeugungen miteinbeziehen. Unterschiedliche Schlussfolgerungen ziehen wir, weil wir unsere Informationen bereits durch die Brille unserer eigenen Sichtweise auswählen und unsere Schlussfolgerungen deshalb oft wie Fakten behandeln.[41]

Die Überzeugung von der eigenen Geschichte, die daraus resultiert, versetzt uns in eine diskursfeindliche Grundstimmung: Wir suchen nicht nach neuen Impulsen, wir wollen überzeugen.

Hartnäckigkeit ist ein Freundlichkeitshemmer. Um sie zu überwinden, müssen wir die eigene Geschichte loslassen und uns für die anderer öffnen. Es geht nicht darum, ob eine von beiden richtig und die andere falsch ist; es geht darum, beide zu kennen und das Informationsspektrum zu erweitern. Andere Sichtweisen einzubeziehen, hilft uns, besser einzuschätzen, ob unsere Überzeugung wirklich Sinn macht, oder ob wir umsonst hartnäckig daran festhalten.

Um freundlich zu sein, muss man der Geschichte des anderen nicht zustimmen – man muss sie sich nur anhören.

31. Auf Bezichtigungen und Etikettierungen verzichten

In vielen aktuellen Debatten beobachten wir eine Tendenz, die sich zunehmend auch in unsere Alltagsgespräche schleicht: Menschen mit unterschiedlichen Meinungen gehen sehr freizügig mit bewertender Sprache um. Genau diese Sprache verhindert oft eine weitere Annäherung, Klärung oder Lösung.

Bei bestimmten Gesprächsanlässen – etwa Grundsatzdiskussionen oder Aussprachen in Konflikten – fällt Freundlichkeit uns möglicherweise ohnehin schon schwerer als sonst. Das liegt daran, dass wir in emotional aufgeladenen Situationen oft nicht sehr bewusst kommunizieren, sondern musterhaft. So schleichen sich schnell Formulierungen, Rituale oder »Töne« ins Gespräch ein, die wir nicht beabsichtigt hatten. Da wird aus einer simplen Feststellung schnell ein vernichtendes Urteil: »Versuchst du, uns mit Absicht zu ruinieren?« statt »In dem Angebot war ein Rechenfehler«. Das ist kein Feedback, sondern eine Bezichtigung. Diese Bezichtigung löst negative Gefühle aus – und schon eskaliert ein Gespräch, das eigentlich der Klärung hätte dienen sollen.

Dasselbe Muster ist am Wirken, wenn bei politischen Themen plötzlich Bezeichnungen wie »Gutmensch«, »Nazi« oder »Klimahysteriker« über den Gartenzaun fliegen oder in der Kommentarspalte landen. Solche überzogenen Bezichtigungen sind Etikettierungen, die Menschen in eine Ecke stellen, in die sie nicht gehören. Die Folge ist auch hier eine Zuspitzung der Diskussion und eine Vertiefung des Grabens zwischen den unterschiedlichen Positionen.

Bezichtigungen und Etikettierungen erzeugen eine hohe Emotionalität: Niemand möchte mit Vorwürfen konfrontiert oder mit Labels versehen werden, die in den meisten Fällen nicht einmal zutreffend sind. Die negativen Gefühle, die dabei entstehen, erschweren die Verständigung oder verhindern sie sogar.

Wie geht es besser, wenn es hoch hergeht? Diese Frage ist tatsächlich nicht banal, denn die Bezichtigungen und Etikettierungen gehören in bestimmten Umfeldern zunehmend zum normalen Umgangston. Wir werden also ständig damit konfrontiert und empfinden diese zuspitzende Sprache immer mehr als normal. Selbst Politiker belegen einander inzwischen vor laufenden Kameras mit Etiketten oder bezichtigen einander der Sabotage aufgrund politischer Motive.

Freundliche Kommunikation verzichtet auf diese Art der Sprache, indem sie solche Bewertungen durch Beobachtungen ersetzt. Wenn ich mir im Kopf eine Erwiderung zurechtlege, kann ich gedanklich auf die Pausentaste drücken und mich fragen: Habe ich das, was ich gerade gedanklich bewerte und gleich kommentieren werde, wirklich gesehen und gehört – oder gebe ich möglicherweise eine eigene Interpretation hinzu? Denn das, was wir hinzugeben, ist in der Regel das, was das Gespräch schwierig machen wird.

Beobachtungen – also alles, was wir mit den Sinnen wahrnehmen können – sind nicht widerlegbar. Deshalb werden sie in der Regel auch angenommen. Eine Bewertung dagegen ist oft widerlegbar – deshalb können wir sie häufig ablehnen. Ein Beispiel: »Gutmensch« ist eine Bewertung. »Du hast dich gerade gegen eine Obergrenze ausgesprochen« ist eine Beobachtung. Über Letzteres kann man mit sachlichen Argumenten diskutieren; im ersten Fall wird die emotionale Reaktion das erschweren oder verhindern.

Wenn wir bewertende Sprachmuster wie Bezichtigungen und Etikettierungen aus unserer Sprache entfernen und uns stattdessen auf das wirklich Gesagte fokussieren, können wir auch anspruchsvolle Themen mit kühlem Kopf zu Ende diskutieren.

Wer Bezichtigungen und Etikettierungen weglässt, bleibt länger im Gespräch.

32. Erst fragen, dann schlussfolgern

Einer der Gründe, warum Debatten entgleisen, ist Meinungslastigkeit. Die scheint umso üblicher zu sein, je kontroverser ein Thema ist. Und das ist gewiss kein Zufall: Kontrovers geführte Debatten sind häufig besonders wichtige Debatten über Fragen der Zeit, die uns alle angehen. Da haben wir tendenziell eine starke Meinung. Der Grund, warum die Debatten so hitzig und überheblich geführt werden, liegt darin, dass wir anderen automatisch auch eine starke Meinung unterstellen.

Wir führen Diskussionen also nicht, um zu verstehen,

sondern um zu erwidern. Wir wollen nicht hören, was andere denken, weil wir das schon zu wissen glauben. Anstatt aufmerksam Argumente abzuwägen, prüfen wir nur, ob wir zustimmen können oder nicht. Das führt dazu, dass wir nicht mehr miteinander reden, sondern aufeinander ein- und aneinander vorbeireden.

So kann man natürlich keinen Konsens herstellen oder Kompromisse abwägen. Und ganz sicher kann man so keine Probleme lösen.

Auf der sprachlichen Ebene kann man solche Debatten, die am Thema und den Menschen vorbeigeführt werden, leicht erkennen – nämlich an den verwendeten Satzarten. Die sogenannten Grundsatzdebatten, die in Wirklichkeit nur wechselseitige Plädoyers sind und keine Dialoge, finden vor allem in Ausrufen und Imperativen statt. Was man nicht hört, sind Fragen – und wenn, dann handelt es sich oft um rhetorische Fragen: an den Fragenden selbst gerichtet, als Vorlage für die eigenen Argumente, anstatt als Einstieg in einen interessierten Austausch.

Genau im Fragestellen liegt aber die Chance zur Verständigung, die wir in vielen wichtigen, aktuellen Debatten derzeit unberücksichtigt lassen. Wir behaupten, beurteilen, verurteilen, verwerfen – nur Fragen stellen wir nicht.

Situationen versteht man, indem man nach Informationen fragt. Zustände ermittelt man, indem man nach Gefühlen fragt. Lösungen findet man, indem man nach Motiven fragt. Fragen sind zugleich der Zugang und der Schlüssel zu jedem Thema und zu jedem Menschen. Fragen sind die Nahrung des Dialogs. Wo keine Fragen sind, findet keine Debatte statt – nur ein Abtausch von Behauptungen und Unterstellungen.

Wer keine Fragen stellt, kann keine Schlussfolgerungen ziehen. Das Problem mit unserer Debattenkultur ist, dass wir den ersten Schritt einfach auslassen. Das ist ungefähr so, als würde die Ärztin das Rezept ausstellen, bevor sie die Anamnese gemacht hat. Man muss nicht Medizin studiert haben, um zu erkennen, dass das böse enden könnte – und zwar für den Patienten und für die Ärztin. Aber genauso diskutieren wir gerade über die wichtigen Fragen: über Klima, Verteidigung und Migration. So bilden sich verhärtete Fronten von Menschen, die unfreundlich, lieblos und aneinander desinteressiert wirken – weil wir verlernt haben, zu fragen, bevor wir uns eine Meinung bilden.

Die gute Nachricht ist: Wer interessiert nachfragt, fällt in unserer Welt der Sendungsbewussten sofort positiv auf. Aus dem, was andere sagen – und mag es uns noch so sehr provozieren –, lassen sich fast immer zielgerichtete Fragen ableiten, die zur Klärung beitragen.

Drei Arten zu fragen sind besonders in komplexen Zukunftsdebatten hilfreich, wie wir sie gerade führen und führen müssen:

1. Die Ebenen einer Aussage hinterfragen: Wenn Menschen starke Aussagen treffen, senden sie damit zwischen den Zeilen oft mehr als nur eine Botschaft. Diese Ebenen einer Aussage kann man mit klärenden Fragen beleuchten: »Worauf genau beziehst du dich?« – »Was stört dich an Aussage X?« – »Wie würdest du das lösen?«
2. Begriffliche Hintergründe klären: Wer eine sehr starre Haltung zu einem bestimmten Thema einnimmt, verwendet oft sehr starke Vokabeln, um seiner Überzeugung Ausdruck zu verleihen. Über die Wortwahl kann man sich zur Sachebene vorarbeiten: »Was genau meinst du mit ›weltfremd‹«?
3. Systemisches Fragen: Mit systemischen Fragen lässt sich ergründen, welche äußeren Faktoren dazu geführt haben,

dass jemand sich eine bestimmte Meinung gebildet hat: »Stell dir vor, du wärst Bundeskanzler – wie würdest du es machen?« – »Auf einer Skala von 1 bis 10, wie hoch schätzt du das Risiko ein?« – »Was würde wohl Helmut Schmidt dazu sagen?«

Mit offenen, interessierten Fragen können auch verhärtete Fronten aufgebrochen werden.

33. Sprachlich Verantwortung übernehmen

Wir leben in Zeiten, die es begünstigen, Beziehungen auf die leichte Schulter zu nehmen. In den sozialen Medien erzielt die stärkste Wirkung, was am lautesten, emotionalsten, dramatischsten inszeniert wird – gerade, wenn es um zwischenmenschliche Beziehungen geht. Jede Liebeserklärung, jede Versöhnung, jede Alltagsgeste: Alles wird im Superlativ vorgetragen – nicht für die Person, die es empfängt, sondern für den Effekt vor der Kamera und die Klickzahlen. Dasselbe gilt für die Antworten, die als möglichst fotogene »Reaction« automatisiert überzogen und ausgedehnt werden: voll auf die Tränendrüse, ob es ehrlich gemeint ist oder nicht.

Das macht etwas mit uns und unseren Emotionen; es macht etwas mit unserem Beziehungsverhalten. Wenn Gefühle nur noch im Mega-Modus einen Effekt haben, was bedeutet dann schon mein kleiner, alltäglicher Liebesbeweis, meine bescheidene Geste der Zuneigung, meine ehrlich gemeinte Entschuldigung?

Sie bedeutet die Welt, und wir dürfen uns darin nicht beirren lassen. Der »Reaction«-Trend bei Instagram und Co. ist unrealistisch und gefährlich, weil er unsere Wahrnehmung verzerrt: als würden alle anderen von morgens bis abends in Emotionen schwelgen, wenn sie in Wahrheit leben und lieben wie alle anderen auch. Eher gilt es, sich Sorgen zu machen um diese Menschen: Wenn alles gezielt inszeniert wird, woher wissen diese Paare um die wahren Gefühle untereinander?

Das größte Risiko dieser Wahrnehmungsverzerrung ist der gefühlte Verantwortungsdruck, der dadurch entsteht. Wenn wir im Fünf-Minuten-Takt Menschen voreinander auf die Knie gehen und hollywoodreife Emotionsfeuerwerke abfackeln sehen, glauben wir irgendwann, wir selbst wären verantwortungslose Partner und Freunde, die den Menschen in ihrem Leben nicht genug Aufmerksamkeit schenken. Das führt dazu, dass wir uns verschämt zurückziehen. Wer kann schon mit den aufwendigen, teuren Hollywood-Inszenierungen mithalten? Wer hat permanent die Kraft, die Zeit und die Ressourcen, mit einem hauswandgroßen Transparent im Helikopter über dem Einfamilienhaus zu kreisen, zehntausend rote Rosen abzuwerfen und mit dem Fallschirm exakt in der Mitte eines Champagnergefüllten Whirlpools zu landen, in dem der Partner rein zufällig bereits perfekt gestylt auf den Antrag zur jährlichen Erneuerung des Hochzeitsversprechens wartet, der überraschenderweise jedes Jahr auf den Verlobungstag fällt?

Liebe geht auch eine Nummer kleiner. Verantwortliche Kommunikation braucht nicht immer gleich die große Geste. Wie wäre es mit einem aufrichtigen Dankeschön nach einem harten Tag, an dem der Partner allein für die Kinder sorgen musste. Verantwortungsvoll ist, anzuerkennen und auszusprechen, wenn man mal wieder zu lange nicht Danke gesagt hat, nicht achtsam gesprochen, nicht nach der Zufriedenheit des anderen gefragt hat.

Verantwortungsvoll ist, sich direkt und demütig dafür zu entschuldigen, wenn man Mist gebaut oder etwas Wichtiges versäumt hat. Ich halte die aufrichtige Entschuldigung für eines der stärksten rhetorischen Mittel der Beziehungsgestaltung. Sie kann große, heilende Wirkung entfalten, weil sie eben nicht zu den Ego-Inszenierungen der Beziehungskommunikation zählt, von denen der Absender mehr hat als die Empfängerin. Eine aufrichtige Entschuldigung ist für den anderen da. Sie ist demütig, nicht pathetisch, wenn sie ehrlich gemeint ist. Richtig vorgetragen, zeigt sie dem signifikanten anderen, dass uns die Beziehung wichtig ist und wir den angerichteten Schaden wiedergutmachen wollen.

Sprachlich Verantwortung übernehmen heißt, für die Beziehung zu reden, nicht für den Effekt. Es heißt, mit dem Betreffenden zu sprechen, nicht in dessen Anwesenheit mit anderen. Verantwortungsvolle Kommunikation zeugt von Dankbarkeit, Demut und Empathie, nicht von Ego, Stolz und Sendungsbewusstsein.

Verantwortung ist das leise Versprechen, nicht die laute Inszenierung.

34. Emotionale Filter ausschalten

Unsere Emotionen haben großen Einfluss nicht nur darauf, was wir in einem Gespräch sagen, sondern auch darauf, was von unserem Gesprächspartner zu uns durchdringen kann. Reaktanz ist ein Automatismus, solange wir sie nicht zu kontrollieren lernen. Wenn wir etwas hören, das uns nicht gefällt, fahren unwillkürlich unsere inneren Widerstände hoch. Was wir gern hören, nehmen wir dagegen bevorzugt wahr.

Solange wir uns nicht gezielt um eine gewisse Neutralität bemühen, hören wir also immer mit einem persönlichen Filter zu – ganz besonders bei Themen, die für uns emotional belegt sind. Widerspricht etwas unsere Überzeugungen oder unserer Moral, reagieren wir darauf innerlich mit starker Abwehr; wir machen dicht und bekommen alles andere, was noch gesagt wird, gar nicht mehr wirklich mit. Bestätigt dagegen etwas unsere Überzeugungen und Vorurteile, neigen wir dazu, diese Gesprächsanteile überzugewichten und möglicherweise andere Aspekte des Gesagten zu ignorieren oder zu unterschätzen.

Diese »emotionalen Filter«, die sich beim Zuhören praktisch automatisch zuschalten, wirken sich auch darauf aus, wie wir selbst die Interaktion mit einem Menschen wahrnehmen: Fühlen wir uns von den Inhalten emotional bestätigt, fällt uns das Zuhören leicht. Widerstrebt uns das Gesagte, sind wir stärker versucht, dazwischenzureden oder abzuschalten. Uns bestätigt zu fühlen, tut uns gut; uns widerlegt zu fühlen, ist anstrengend.

Emotionale Filter haben also großen Einfluss darauf, was wir hören und wie wir es hören. Sie lenken unsere Wahrnehmung, bestimmen, was von einem Gespräch und einer Gesprächspartnerin bei uns hängen bleibt. Sie können die Wahrnehmung sogar verzerren und bewirken, dass unsere Erinnerung an bestimmte Aussagen von dem abweicht, was tatsächlich gesprochen wurde.

Aus diesen Gründen ist leicht zu verstehen, dass wir als bessere Gesprächspartnerin wahrgenommen werden, wenn wir emotionale Filter im Gespräch deaktivieren, so gut es eben geht. Die mentalen Muster, die den Filtern zugrunde liegen, sind oft über lange Zeit aus unserer Lebenserfahrung gewachsen und tief verwurzelt; sie lassen sich nicht von einem Moment auf den nächsten vollständig abschalten.

Vor allem aber setzt filterlose Kommunikation die bewusste Entscheidung voraus, den anderen wirklich hören zu wollen. Dafür muss man bereit sein, die eigene Wahrnehmung zu hinterfragen und sich seinen mentalen Mustern zu stellen. Das kann für den Ungeübten eine Herausforderung sein. Dafür wird man allerdings mit völlig neuen Einsichten und einem breiteren Horizont belohnt: Wer zulässt, dass auch schwierig zu akzeptierende Einsichten durchdringen, erweitert sein mentales Repertoire ungemein und kann besser begründete Entscheidungen treffen. Außerdem sind auf diese Weise neue und zugleich tiefere Beziehungen zu Menschen oder deren Facetten möglich, denen ich mich zuvor verschlossen hätte.

Ausgelöst werden emotionale Filter vor allem durch bestimmte Reizwörter, die uns emotional triggern. Manche davon sind uns vielleicht bewusst, andere wirken eher unterbewusst und sind daher schwerer erkennbar. Deshalb ist es zunächst hilfreich, sich dieser Wörter bewusst zu werden.

Bekämpfen lassen sich die emotionalen Filter am besten, indem man sich gezielt dem tief verwurzelten Wunsch widersetzt, nur zu hören, was man hören will. Folgende Tipps helfen dabei:[42]

- Beurteilungen einstellen, während man anderen zuhört, und das Gesagte erst bewerten, wenn ausgeredet wurde;
- in den Aussagen anderer gezielt nach Beweisen suchen, die die eigenen Annahmen widerlegen;

- sich realistisch selbst beobachten und eingestehen, wenn man leicht von den Worten anderer getriggert wird.

Wer seine emotionalen Filter kontrollieren lernt, kann sich tiefer auf andere einlassen.

35. Zwischen Absicht und Wirkung unterscheiden

Wenn wir andere Menschen als unfreundlich wahrnehmen, liegt das oft daran, dass wir ihnen bestimmte Absichten unterstellen. Wir glauben also, jemand verhält sich aus einer bestimmten Motivation heraus zum Beispiel distanziert, obwohl wir seine wahren Absichten gar nicht kennen können – denn die existieren nur in seinem Herzen und seinem Kopf.

Wir machen oft den Fehler, dass wir anhand der Auswirkung, die das Verhalten anderer auf uns hat, auf deren Absichten schließen. Wir fühlen uns verletzt, also war es die Absicht der anderen Person, uns zu verletzen. Wir fühlen uns angegriffen, also wollte der andere uns attackieren. Diese Absichtsunterstellung läuft so automatisiert ab, dass wir gar nicht auf die Idee kommen, dass die Schlussfolgerung aus der Wirkung des Verhaltens nur eine Mutmaßung ist – und nicht dasselbe wie die tatsächliche Absicht dahinter.

Leider neigen wir dazu, anderen negative Absichten zu unterstellen, während wir bei uns selbst immer von guten Motiven für unser Handeln ausgehen. Mit dieser schiefen

Erwartungshaltung interpretieren wir uns das Verhalten anderer zurecht – und merken oft gar nicht, dass nicht sie das Problem sind, sondern unsere verquere Sicht auf ihre Motivation für bestimmte Aussagen und Handlungen, die uns im Magen liegen.[43]

Kommt es einmal zu einem Missverständnis aufgrund einer solchen Fehleinschätzung, lässt sich das durch offene Kommunikation meist schnell korrigieren. Leider ist dieses Muster in der Regel aber keine Ausnahmeerscheinung, sondern ein Dauerzustand, der die Parameter unserer gesamten Kommunikation verschieben kann.

Auf lange Sicht kann die Absichtsunterstellung Beziehungen ernsthaft gefährden. Denn wenn wir jemandem hartnäckig schlechte Absichten unterstellen, werden wir zu dem Schluss kommen, dass es sich um einen schlechten Menschen handeln muss. Dann werden wir alles, was diese Person sagt und tut, durch diese Brille wahrnehmen. In der Folge werden sämtliche Gespräche von dieser negativen Grundhaltung überschattet. Die Annahme schleicht sich dann in alles ein, was wir sagen. Statt zu fragen: »Warum hast du dich so entschieden?«, fragen wir: »Warum wolltest du mich so verletzen?« Statt »Hast du schon über meine Frage nachgedacht?« formulieren wir »Warum ignorierst du mich?«.

Indirekt suchen wir auf diese Weise ein klärendes Gespräch, weil wir glauben, den Grund für das Verhalten des anderen bereits zu kennen. Beim Gegenüber aber entsteht der Eindruck, wir wollten provozieren oder niedermachen. Die Person fühlt sich zu Unrecht beschuldigt und wird sich verteidigen oder zum Gegenangriff ausholen. Sie muss sich ja gegen falsche Beschuldigungen wehren.[44] Das wiederum wird auf mich als Absender der Absichtsunterstellung defensiv wirken und meine subjektive Meinung über ihr Verhalten noch bestärken.

So wird das Gespräch und auf kurz oder lang auch die Beziehung sich festfahren – weil niemand ein Einsehen haben und etwas verändern wird. Die Absichtsunterstellung kann Beziehungen in eine Sackgasse treiben.

Um dieser Dialog- und Beziehungsfalle zu entgehen, ist es wichtig, zwischen Absicht und Wirkung unterscheiden zu lernen. Wie wir etwas empfinden (z. B. als »verletzend«), lässt nicht direkt auf die Absicht (»Du wolltest mich verletzen!«) schließen. Um zwischen beidem zu differenzieren, helfen die folgenden Fragen:[45]

1. Was wurde tatsächlich gesagt oder getan? (Handlung)
2. Welche Wirkung hatte das auf mich? (Wirkung)
3. Welche Absicht unterstelle ich der anderen Person aufgrund dieser Wahrnehmung? (Mutmaßung)

Anhand dieser Fragen lässt sich besser trennen, was tatsächlich Absicht und was nur Wirkung war. So fällt es leichter, erst einmal über die eigene Wahrnehmung zu reflektieren, bevor wir uns verteidigen und ein Gespräch schwieriger machen, als es sein müsste.

Schwierige Gespräche verlaufen freundlicher, wenn wir zwischen Wirkung und Absicht unterscheiden.

36. Differenzieren können und wollen

»Nur ein Sith kennt nichts als Extreme.«

Dieser Satz, ausgesprochen von Obi-Wen Kenobi gegenüber Darth Vader in Star Wars Episode III – Die Rache der

Sith, ist nichts anderes als eine Mahnung zu einer ganz besonderen Form von Freundlichkeit: der Bereitschaft und der Fähigkeit, zu differenzieren. Leider ist das eine der vielen Dialogkompetenzen, die uns zunehmend abhandenkommen, seit Debatten sich mit digitalen Mitteln gezielt in Extreme steuern lassen und populistische Akteure insbesondere im Netz es genau darauf anlegen.

Polarisierung ist der Feind der Freundlichkeit. Das gilt für den öffentlichen Diskurs genauso wie für den Dialog unter vier Augen. Leider sind viele Diskursformate jedoch zunehmend genau darauf ausgelegt: die unterschiedlichen Meinungen möglichst stark zu polarisieren, also in extreme Positionen hineinzumoderieren, und diese dann gegeneinander auszuspielen. Einschaltquoten und Klickraten kann man so natürlich steigern; Lösungen finden nicht.

Dieser Trend zur Polarisierung hat leider längst auch in unsere Alltagskultur Einzug gehalten: Wir gestehen einander keine Grauzonen mehr zu. Stattdessen halten wir einander Extreme vor, selbst wenn diese nicht formuliert wurden. Zwar gab es das früher auch schon, aber nicht in der Verdichtung, wie wir es in aktuellen Debatten vorfinden – bewusst und konsequent angewandt. Denn die Tradition des demokratischen Diskurses, geboren aus der antiken Rhetoriklehre, sieht für jede Debatte eine klare Abfolge vor: These – Antithese – Synthese.

Auf den letzten Schritt, die Synthese, zu verzichten, bedeutet, den Diskurs vor der entscheidenden Phase abzubrechen. Denn die Synthese zweier Positionen ist nichts anderes als die Annäherung unterschiedlicher Standpunkte auf der Grundlage ihrer Schnittmengen. Es geht darum, unterschiedliche Meinungen miteinander zu versöhnen – auch wenn es dabei mal keine Einigung geben kann.

Extreme Gegensätze wie den zwischen Nur-gut und Nurböse, Falsch und Richtig, Schwarz und Weiß gibt es in praktisch keiner Debatte, bei keinem Thema. Unser Leben und unser Zusammenleben finden immer in Grautönen statt. Dasselbe muss für unsere Gespräche gelten – sonst reden wir im wahrsten Sinne des Wortes aneinander vorbei.

Ein Beispiel verdeutlicht, wie realitätsfremd das Denken und Reden in Extremen ist: Wenn jemand an der Wirksamkeit einer Obergrenze für die Aufnahme von Migranten zweifelt, bedeutet das noch nicht, dass er für unbegrenzte oder unkontrollierte Zuwanderung ist. Wer hat jemals gefordert, alle Deutschen mögen Deutschland verlassen, damit mehr Platz für Migranten ist? Das wäre ein Extrem.

Wenn sich jemand grundsätzlich für den Gedanken einer Obergrenze erwärmen kann, bedeutet das genauso wenig, dass diese Person ausländerfeindlich ist und Migration vollständig ablehnt. Wer fordert, alle Migranten müssten das Land verlassen, wäre in der Tat Vertreter einer extremen, rassistischen Position – daher der Begriff »rechtsextrem«.

Die absolut meisten Deutschen, daran lassen Umfragen keinen Zweifel, bewegen sich zwischen diesen beiden Polen auf einer weiten Skala von Zwischentönen. Selbst unter denen, die mit populistischen Parteien sympathisieren oder sie sogar wählen, ist nur eine verschwindende Minderheit tatsächlich extremer Gesinnung.

Die Art aber, wie Diskurse über sogenannte polarisierende Themen geführt werden, lässt es zunehmend so erscheinen, als würden sich in Deutschland und anderswo auf der Welt nur noch verfeindete Lager gegenüberstehen, die zu keiner Einigung mehr fähig wären.

Auf diese Weise wird der Eindruck geschürt, Debatten müssten ausgefochten werden, bis eine Seite sich durchgesetzt hat. So entsteht eine Freund-Feind-Mentalität: Bist du nicht für mich, musst du gegen mich sein. Das ist der Boden, auf dem Demokratien erodieren und Kriege beginnen.

Es gibt keine polarisierenden Themen, nur polarisierendes Diskursverhalten.

37. Emotionstoleranz

Die schwierigsten Gespräche führen wir mit Menschen, die gerade von starken Gefühlen bewegt werden. Gerade für sehr empathische Menschen ist das eine enorme Herausforderung: auszuhalten, dass jemand aufgrund eines Dialogs mit mir zum Beispiel Trauer oder Wut erlebt. Deshalb ist die Versuchung manchmal groß, ein solches Gespräch abzubrechen, um die andere Person zu schonen oder der Emotion selbst aus dem Weg zu gehen.

Paradoxerweise macht man damit jedoch in der Regel alles noch schlimmer. Denn wirklich schmerzhaft ist es, mit starken Gefühlen alleingelassen zu werden, wenn man das gar nicht möchte. Solche Empfindungen erst auszulösen und sich dann zu entziehen, heißt, die Verantwortung für das Gesagte abzugeben und den Gesprächspartner im Stich zu lassen. Das kann bleibende Schäden an einer Beziehung verursachen und eine spätere Verständigung umso mehr erschweren.

Streit- oder Beziehungsgespräche etwa verlaufen in den seltensten Fällen entspannt und sachlich. Immerhin geht es dabei um Themen wie Vertrauen, Verantwortung und Verlust. Hoffnungen und Wünsche, gemeinsame Träume und vor allem lieb gewonnene Erinnerungen werden infrage gestellt. Oft werden die Eckpfeiler der Lebensplanung diskutiert. Sogar Sorgen und Ängste wie die vor Einsamkeit und Verlust stehen im Raum. Bei diesen Themen sind – auch ohne gegenseitige Vorwürfe oder verletzende Äußerungen – starke Gefühle nicht weit.

Natürlich gilt auch in einem solchen Gespräch, dass die Grenzen beider Seiten zu wahren sind und niemand aushalten muss, was ihm Schaden zufügt. In diesem Fall gilt es, rechtzeitig Abstand zu nehmen und das Gespräch zu einem späteren Zeitpunkt in besserer Gestimmtheit fortzusetzen.

Extrem unfreundlich wäre es jedoch, dem Gegenüber bei einem emotionalen Thema Gefühlsäußerungen verbieten zu wollen. Ebenso inakzeptabel ist es, sich abwertend über eine emotionale Reaktion zu äußern: »Jetzt sei doch nicht so empfindlich!« – »Vom Heulen wird es auch nicht besser!« – »Krieg dich mal wieder ein!« – »Wenn du so reagierst, fühle ich mich schlecht!« – »Du hast gar kein Recht, wütend zu sein!« Das sind Äußerungen, die Gefühle delegitimieren und damit die Verletzung nur noch verschlimmern. Selbst wenn der andere tatsächlich übertreibt oder großen Anteil an der Situation hat, um die es gerade geht, ändert das nichts an den Gefühlen, die in diesem Moment Besitz von ihm ergreifen. Die kann man nicht wegreden; das wäre genauso, wie einem Hinterbliebenen bei der Beerdigung die Trauer über das verstorbene Familienmitglied ausreden zu wollen.

Wer das Gespräch über schwierige Themen sucht, kann und sollte mit starken Emotionen rechnen – selbst dann, wenn man die Gesprächspartnerin gut zu kennen glaubt. Extreme Situationen können extreme Reaktionen hervorrufen. Diese Gefühlsäußerungen für einen begrenzten Zeitraum im Rahmen eines solchen Dialogs aushalten zu können, ist Teil einer verantwortungsvollen Beziehung, solange man sich damit nicht selbst Schaden zufügt und das Gebot des gegenseitigen Respekts nicht vorsätzlich verletzt.

Die Grundregel für einen freundlichen Umgang mit starken Gefühlen lautet auch in diesem Zusammenhang: weder verstärken noch bagatellisieren. »Wie schrecklich – ich kann mir kaum ausmalen, wie du dich jetzt fühlst«, ist genauso wenig hilfreich wie »Ach komm, du hast schon ganz andere Dinge überstanden«.

Auch Trost ist nicht immer die richtige Antwort auf starke Gefühle, auch wenn der Impuls übermächtig sein mag. So kann es in einem Gespräch, in dem es um Abgrenzung geht, sogar hinderlich für die Akzeptanz und Heilung sein, widersprüchliche Signale zu senden und den anderen tröstend in den Arm zu nehmen.

Entscheidend ist es, sich nicht zu entziehen: Aushalten, schweigen und einfach da sein ist bei starken Gefühlen oft das beste Rezept. Sie gehören zum Spektrum menschlicher Emotionen. Wer tiefe Beziehungen lebt und intensive Dialoge mit den Menschen in seinem Leben pflegt, wird ihnen immer wieder einmal begegnen.

Emotionstoleranz ist eine wichtige Beziehungskompetenz.

38. Verantwortung für Schwierigkeiten im Gespräch übernehmen

In den meisten Fällen scheitert Freundlichkeit nicht am Willen, sondern an den Umständen. Einer der härtesten Tests für eine freundliche Gesprächshaltung sind die kleinen und großen Verletzungen durch das Verhalten anderer: Warum freundlich bleiben, wenn der sich danebenbenimmt? Weshalb mich um einen respektvollen Umgang bemühen, wenn die so achtlos mit mir umgeht? Wozu an der Beziehung arbeiten, wenn der mich knallhart anlügt?

Die Antwort, wie so oft im Zwischenmenschlichen, lautet: Weil einer das Muster brechen muss, damit sich etwas ändert. Wenn wir die Verantwortung für Schwierigkeiten im Gespräch beim anderen suchen, wird das in der Regel zu einer Verfestigung des Problems führen. Fassen wir uns zuerst an die eigene Nase, kommen wir der Lösung dagegen oft schnell näher.

Am besten hat diese Erkenntnis wohl Loriot veranschaulicht, bei dem es den folgenden Dialog zu bewundern gibt:

»Du bist zu spät!«

»Du hast gesagt, um 11!«

»Ich hab gesagt, um 10!«

»Ach so – und ich hatte 11 verstanden …«

»Ach so – und ich dachte, ich hätte 10 gesagt …«

Es macht einen Unterschied, ob wir anderen vorwerfen, sie seien schuld an einem Missverständnis oder einem Konflikt – oder ob man sich wenigstens einen Teil der Verantwortung nimmt, indem man die eigene Rolle bei der Entstehung des Problems hinterfragt. Vielleicht war der Mitarbeiter nicht einfach nur unaufmerksam, als der Arbeitsauftrag besprochen wurde – vielleicht hat die Vorgesetzte ihn auch nicht sehr verständlich erklärt.

Auf diese Weise wird dem Gegenüber gestattet, sein Gesicht zu wahren; die Vorgehensweise ist integrativ, während der bloße Vorwurf konfrontativ wäre. Auf Konfrontation reagieren wir in der Regel affektiv, also emotional – und sind dann nicht in der Lage, wirklich zuzuhören und zu verstehen, worum es eigentlich geht. Wir wollen dagegenhalten, statt nach einer Lösung suchen.

Vielleicht haben Sie auch schon Vergleichbares erlebt: Zwei Menschen geraten aneinander, bis einer von beiden Größe zeigt und sagt: »Mensch, da habe ich wirklich Mist gebaut. Das habe ich glatt vergessen.« Fast immer folgt auf ein solches Zugeständnis ein Einlenken auch von der anderen Seite: »Komm, Schwamm drüber – ich hätte es auch wirklich klarer sagen können.«

Solange wir aber dagegenhalten und null Verantwortung für Gesagtes und Geschehenes übernehmen, können wir regelmäßig beobachten, wie Gespräche verhärten und eine Lösung in weite Ferne rückt. Wir müssen nicht immer miteinander kämpfen. Nur ein Moment der Verantwortungsübernahme, ein Augenblick der Annäherung kann ein Gespräch zum Positiven wenden.

Such's beim anderen, und ein Gespräch verhärtet; such's bei dir, und ein Gespräch entspannt.

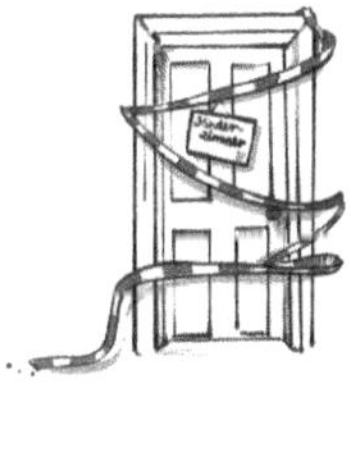

39. Mit Freunden wie mit Fremden reden

Der Kindness-Test ist eine weltweite Freundlichkeitsstudie aus den USA, die das Verhalten von Menschen in verschiedenen Situationen mit unterschiedlichen Voraussetzungen untersucht hat. Eines der Ergebnisse dieser Untersuchung lautet: Menschen, die mehr mit Fremden reden, erleben mehr Freundlichkeit.

Das legt die Vermutung nahe, dass Fremde oft freundlicher zueinander sind als Menschen, die sich schon kennen. Online-Foren und Kommentarspalten klammern wir an dieser Stelle einmal aus und beschränken uns auf Dialoge in der realen Welt: die Art von Kommunikation, die von Angesicht zu Angesicht stattfindet. So haben der liebe Gott und Friedrich Schulz von Thun das schließlich einmal vorgesehen. Offensichtlich sorgt schon die Tatsache, dass wir in ein unbekanntes Gesicht blicken, dafür, dass wir die Reaktion auf Gesagtes antizipieren, bevor wir sprechen – und uns in der Konsequenz freundlicher ausdrücken als jemandem gegenüber, dessen Reaktionen wir mehr oder weniger vorhersehen können.

Einen Schritt weiter gedacht, führt die These vom freundlichen Fremdeln zu einer unendlich beglückenden Erkenntnis: Freundlichkeit scheint die Grundeinstellung des Zwischenmenschlichen zu sein. Jedenfalls dürfen wir davon ausgehen, wenn wir uns nicht gerade bedroht fühlen oder es mit Soziopathen zu tun haben. Wir gehen in der Hoffnung auf unterstützende Beziehungen durchs Leben, also sind wir in Ermangelung schlechter Erfahrungen erst einmal nett zueinander.

Im Umkehrschluss bedeutet das: Die ganze Unfreundlichkeit und all den Frust miteinander verzapfen wir offenbar erst später im Laufe einer Beziehung, nämlich durch misslingende Kommunikation. Würden wir unsere wettergegerbten, gewohnheitsverseuchten, betriebsblinden Alltagsbeziehungen bei jeder Begegnung neu starten wie in Und täglich grüßt das Murmeltier, wären sie nicht nur ungleich unterhaltsamer – wir würden wahrscheinlich auch achtsamer miteinander umgehen.

Betrachten wir zum Beispiel eine typische Alltagsinteraktion, die den meisten Paaren, aber auch Mitbewohnerinnen und Büroküchenbenutzern bekannt vorkommen dürfte: »Du hast gestern schon wieder den Müll nicht mit rausgenommen. Es ist immer dasselbe mit dir. Ich habe es so satt, dich ständig an jede Kleinigkeit erinnern zu müssen. Machst du das mit Absicht?«

Was im Grunde als kleine Erinnerung gedacht war, ist am Ende zur Absichtsunterstellung geworden. Das ist ein verbaler Übergriff, den wir einem Fremden gegenüber nie wagen würden. Wer würde die neue Kollegin an ihrem ersten Arbeitstag dermaßen attackieren? Beim eigenen Ehepartner zucken wir nicht mal mit der Wimper.

Bei der Beziehungsanbahnung scheinen wir also um einiges achtsamer zu sein als bei der Beziehungspflege. Nach über 20 Jahren Kommunikationstraining kann ich Ihnen versichern: Weise wäre beides.

Beziehungen ewig frisch zu halten, mag schwierig sein. Sich die Haltung des sogenannten horizontalen Respekts in Erinnerung zu rufen, ist aber durchaus machbar. Er geht davon aus, dass alle Menschen gleich sind und deshalb im selben Maße die Achtung ihrer Menschenwürde verdienen. Auch wenn wir wissen, wie sie morgens vor dem ersten Kaffee aussehen.

Wenn eine Beziehung sich aufgehängt hat, einfach mal die Kommunikation auf Werkseinstellungen zurücksetzen.

40. Unangenehme Wahrheiten aussprechen

»Töte nicht den Boten« – die Befürchtung hinter diesem populären Ausspruch geht auf den griechischen Tragödiendichter Sophokles zurück. Er bezog sich damit auf Mythen wie etwa die Geschichte von Apollon, dem Gott des Lichts. Der verliebte sich in die schöne Koronis und entsandte einen weißen Raben zu ihrem Schutz. Als der ihm meldete, die Geliebte habe ihn mit einem Sterblichen betrogen, bestrafte er den Raben – der fortan ein schwarzes Fell tragen musste und nur noch krächzen konnte statt singen wie zuvor. Von diesem Tag an war er dazu verdammt, bevorstehendes Unheil anzuzeigen. Das ist der Grund, warum Raben bis heute einen anrüchigen Ruf haben. Wer will schon dasselbe Schicksal erleiden?

Der Überbringer schlechter Botschaften zu sein, ist keine beliebte Rolle. Ich habe einmal einen Geschäftsführer auf die Ankündigung einer Kündigungswelle vorbereitet. Er hatte den Mut, die gesamte Belegschaft zusammenzutrommeln und die Kürzungsmaßnahmen offen zu rechtfertigen. Natürlich waren die Betroffenen bestürzt und enttäuscht. Doch sie zollten ihrem Chef Respekt dafür, dass er die unangenehme Verantwortung übernahm und ihnen dabei ins Gesicht sah, statt eine Rundmail zu versenden oder die Kündigungsbriefe der Personalabteilung zu überlassen.

Auch Angela Merkel bekam viel Anerkennung dafür, dass sie öffentlich einräumte: »Ja, Deutschland ist auch ein Sanierungsfall.«[46] Sie sagte den Satz 2006 zuerst vor dem Bundesverband der Deutschen Industrie in Berlin und am nächsten Tag noch einmal in der Haushaltsdebatte des Bundestags. Mit dem Eingeständnis wollte die damalige Kanzlerin auf die schwierige Lage bei der Einigung auf die Haushalte 2007 bis 2009 aufmerksam machen. Die Aussage wurde häufig zitiert, weil sie einen wohltuenden Kontrast zu den Euphemismen darstellt, derer sich gerade Politiker häufig bedienen. Statt von einer Krise ist dann etwa von einer »Herausforderung« die Rede. Probleme zu beschönigen aber kratzt am Vertrauen: Niemand möchte gern für dumm verkauft werden.

Die Wahrheit zu sagen, ist meist freundlicher; Klarheit wird mit Vertrauen honoriert. Andere schonen zu wollen, ist öfter eigennützig als freundlich – auch wenn es meist schwer ist, sich das einzugestehen. Viele Menschen glauben, dass es freundlich sei, unangenehme Wahrheiten zu beschönigen, zu vertagen oder unausgesprochen zu lassen.

Wenn es schlechte Nachrichten zu überbringen gilt, entscheiden sich manche zum Beispiel für die Verschleierungstaktik: Zuerst wird eine Nebeninformation vermittelt – in der Hoffnung, der Gesprächspartner möge die Botschaft verstehen, die man nicht aussprechen möchte. »Wir müssen gerade aufs Geld achten« statt »Deine Taschengelderhöhung fällt aus« – was sanfter sein soll, wirkt stattdessen schnell unaufrichtig.

Auch Externalisierung unangenehmer Botschaften ist ein typisches Verhaltensmuster, das Freundlichkeit demonstrieren soll, in Wahrheit aber eher der Mutlosigkeit entspringt. Ein Beispiel: »Wie denkst du über unsere Beziehung?«, wenn eigentlich gemeint ist: »Ich möchte diese Beziehung beenden.« Auf diese Weise muss der andere aussprechen, was man selbst nicht zu sagen wagt – und fühlt sich deshalb wahrscheinlich nur noch schlechter.

Was diese Strategien nicht mitbedenken, ist die langfristige Beziehungsebene. Denn viel schwerer als der Schreck über eine schlechte Nachricht wiegt auf Dauer der Eindruck, etwas vorenthalten zu bekommen oder – je nach Sichtweise – über das wahre Ausmaß einer Situation belogen worden zu sein. Denn nur was ausgesprochen ist, kann heilen. Ehrlichkeit wird niemand uns ernsthaft vorwerfen, Unaufrichtigkeit sehr wohl.

In der Regel ist es am besten, schlechte Nachrichten einfach sofort auszusprechen – nicht unachtsam, aber direkt.

Bittere Wahrheiten einfach auszusprechen, ist häufig der freundlichere Weg.

41. Wer hört Ihnen zu?

Seit 25 Jahren führe ich Rhetoriktrainings durch. In dieser Zeit habe ich sehr viele kommunikationsbegeisterte Menschen kennengelernt. Doch die Teilnehmer, die zu mir gekommen sind mit dem Wunsch: »Ich bin hier, weil ich besser zuhören möchte«, kann ich an einer Hand abzählen. Sehr oft höre ich dagegen: »Ich habe wenig Zeit, und die anderen reden immer zu viel – wie kriege ich das in den Griff?«

Wir unterschätzen den Einfluss des Zuhörens auf unsere Gespräche und auf unsere Beziehungen. Wir unterschätzen das Zuhören als Lebenseinstellung.

Woher nehme ich diese Überzeugung? Für die Magie des Zuhörens im erlebten Gespräch sind bisher all meine Zuhörer empfänglich gewesen. Oft geschieht das zum Beispiel in Übungen, in denen Menschen gezwungen sind, einmal minutenlang stillzuhalten und schweigend zuzuhören, wenn andere reden – ohne zu antworten, zu reagieren oder zu opponieren. Zu diesen Übungen gehört zum Beispiel der kontrollierte Dialog: Dabei müssen die Teilnehmer die Äußerung des Dialogpartners so detailliert und präzise wie möglich wiedergeben, bevor sie selbst etwas zum Thema sagen können. Den meisten fällt das ungeheuer schwer – weil wir es einfach nicht mehr gewöhnt sind, in dieser Qualität zuzuhören.

Wir hören nicht zu, um anderen empathisch zu begegnen; wir hören zu, um zu erwidern. Diesen Unterschied zu verstehen und anzuwenden, macht einen Menschen zu einem besseren Gesprächspartner als den eloquentesten Redner. Wer lernt, seine Argumente, Vorurteile und Anfechtungen für die Dauer des Zuhörens einzustellen und sich ganz auf die Botschaften seines Gegenübers einzulassen, wird nicht nur mehr erfahren, sondern auch mit einer deutlich größeren Gesprächstiefe belohnt werden. Menschen spüren, wem es sich zu öffnen lohnt.

Auch die Erkenntnis, wie viel Botschaft zwischen Sender und Empfänger verloren geht, ist für viele ein Augenöffner. In meinen Zuhörübungen zeigt sich ebenfalls, dass es den meisten Menschen extrem schwerfällt, ganz einfache Fragen über das Gehörte zu beantworten – selbst wenn sie vorab explizit darauf hingewiesen werden, genau zuzuhören. Das hat zum einen mit der Absenderkultur zu tun, in der wir leben: Wir haben gelernt, zu glauben, dass man sich nur sendend durchsetzen kann. Hinzu kommt, dass wir inzwischen leider davon ausgehen, dass man in jeder Äußerung zurückspulen kann wie in einem Ted Talk: Wir drohen zu verlernen, unsere Aufmerksamkeit auf den gesprochenen Moment zu richten. Erst wenn uns selbst niemand zuhört, spüren wir, wie einsam die Erfahrung macht, nicht gehört zu werden.

Deshalb vermissen wir dieses Erlebnis wie kaum etwas anderes in unserer druckvernetzten Alltagskultur. Entsprechend tief sind wir berührt, wenn es dann doch einmal jemand tut: zuhören. Es gibt eine Frage, die immer wieder einigen meiner Teilnehmenden Tränen in die Augen treibt: »Wer hört Ihnen zu?« Viele Menschen haben leider keine Antwort darauf.

Hören Sie einem Menschen zu, und Sie können zwei Leben verändern.

42. Zwischen den Zeilen hören

»Zwischen dem, was gesagt, aber nicht gemeint ist, und dem, was gemeint, aber nicht gesagt ist, geht die meiste Liebe verloren.«

Diese tiefe Weisheit über die Risiken der Kommunikation stammt vom libanesisch-amerikanischen Dichter und Philosophen Khalil Gibran. Sie greift auf poetische Weise einen verbreiteten Grund auf, warum Menschen uns für unfreundlich halten und selbst Gespräche mit engen Vertrauten entgleisen können: Wir beißen uns oft an den Worten des anderen und an dem fest, was wir selbst hören wollen. Was wir dagegen nicht berücksichtigen, ist die bedeutungsvolle Lücke zwischen dem, was vom Gegenüber gedacht, und dem, was tatsächlich gesagt wird.

Unbewusst erwarten die meisten Gesprächspartner von uns, dass wir ihre Botschaft verstehen – wie indirekt auch immer sie formuliert sein mag. Reagieren wir nur auf das Gesagte und ignorieren das, was zwischen den Zeilen mitschwingt, fühlen andere sich schnell missverstanden – ganz gleich, ob diese Wahrnehmung gerechtfertigt sein mag oder nicht.

Wenn Ihr Partner sich zum Beispiel beschwert: »Ist es wirklich zu viel verlangt, dass du einmal die Kinder von der Schule abholst, wenn ich einen Termin habe?«, dann wird Ihre Rechtfertigung, warum Sie selbst bei diesem Termin keine Zeit haben, nicht viel nützen. Diese Botschaft hat nämlich einen Subtext, der auf ein wesentlich größeres Thema verweist: »Kannst du mich nicht mehr unterstützen?«

Der Grund, warum wir uns oft so schwer mit den subtilen Botschaften zwischen den Zeilen tun: In schwierigen Gesprächen fokussieren wir uns fast automatisch auf die Schuld- oder Absichtsfrage. Wir wollen nicht verstehen, sondern beweisen, dass wir im Recht sind. Weil wir auf die eigene Wahrnehmung des Themas fokussiert sind, sind wir blind für den Subtext, der in diesem Beispiel die eigentliche Botschaft transportiert. Wird dieser Subtext später einmal konkret als Vorwurf oder Aufforderung kommuniziert, fallen wir aus allen Wolken: »Warum hast du das denn nicht gleich gesagt?« Hat er – es wurde nur nicht gehört.

Das Ziel eines klärenden Gesprächs sollte immer darin bestehen, die Wahrnehmungen, Auslegungen und persönlichen Werte beider Seiten zu verstehen. Das bedeutet: die eigenen Anfechtungen und Zuweisungen zu erkennen und ausblenden zu lernen und die Ohren für die Situation anderer zu öffnen. Nur dann kann man auf die tatsächliche Gesprächsabsicht schließen – denn die wird gerade in schwierigen Gesprächen über sensible Themen selten beim Namen genannt.

Zwischen den Zeilen zu hören, rettet mehr Gespräche, als die richtigen Worte zu sagen.

43. Nicht-direktiv zuhören

Jeder von uns braucht von Zeit zu Zeit einen guten Zuhörer. Deshalb ist es auch leicht nachzuvollziehen, warum gut zuzuhören eine Beziehungskompetenz von unschätzbarem Wert ist. Menschen, die wir als aufmerksam und empathisch erleben, vertrauen wir eher, öffnen uns ihnen leichter, steigen tiefer in die Interaktion mit ihnen ein.

Aber wie wird man eine hilfreiche Zuhörerin? Eine gute Frage, denn: Die meisten von uns sind ziemlich schlecht im Zuhören. Das liegt daran, dass unser Ego und unsere Emotionen ständig etwas beisteuern wollen; Reaktanz ist nicht leicht zu zähmen. Die gute Nachricht ist: Gutes Zuhören kann man durchaus lernen.

Das Zauberwort lautet: nicht-direktives Zuhören.[47] Das bedeutet, dass der Zuhörer sich bemüht zu verstehen, was gesagt wird, dabei aber keine Anweisungen gibt. Diese Art des Zuhörens praktizieren zum Beispiel Psychiater. Denn sie wollen, dass ihr Gegenüber möglichst selbst auf die Lösung für seine Probleme kommt, damit es wachsen kann und sich nicht von den Empfehlungen seines Therapeuten abhängig macht.

Ein guter Zuhörer ist also ein bisschen wie der Resonanzkörper eines Streichinstruments: Er produziert die Töne nicht, er verstärkt sie nur. Entscheidend ist beim Zuhören nämlich nicht die Reaktion – auch wenn wir genau diesen Impuls haben mögen. Wir wollen Ratschläge und Lösungen anbieten, doch damit stören wir im Grunde den Akt der Öffnung, dem sich die andere Person gerade hinzugeben versucht. Auch die Versuchung zu beurteilen ist beim Zuhören groß – und absolut kontraproduktiv. Kein Helfer ohne Auftrag sein zu wollen, ist eine Form von Freundlichkeit, die manchem schwerfällt.

Keine Ratschläge verteilen, nicht beurteilen: Wer sich an diese beiden Grundregeln hält, verbessert seine Zuhörqualitäten enorm.

Wer seine Zuhörkompetenz vertiefen möchte, kann sich dabei an folgende Grundregeln halten:[48]

- **Zuhören verträgt keine Eile.** Manchmal mag sich Zuhören wie Zeitverschwendung anfühlen. Doch das gilt für fast jeden Akt der freundlichen Kommunikation: Respekt ist keine Einbahnstraße, und wer gibt, der wird auch bekommen. Außerdem kannst du auf diese Weise viel über eine Person erfahren, was dir sonst entgehen würde.

- **Zuhören ist ein bewusster Akt.** Aufmerksam zuhören heißt wirklich verstehen wollen und im Laufe des Gesprächs am Ball bleiben. Dazu ist es erforderlich, sich wirklich in die Sprechenden hineinzuversetzen.

- **Verbale Reaktionen auf ein Minimum beschränken.** Nur drei Formen der Rückmeldung sind beim nicht-direktiven Zuhören hilfreich: ermutigende Laute (»hmmm, aha, oh …«); Nicken; Spiegeln (»Du denkst also, dass …«).

- **Nachbohren bremst den Redefluss.** Das nicht-direktive Zuhören als hilfreicher Gesprächsakt sollte nicht eigennützig als Informationsquelle für sich selbst genutzt werden.

- **Urteile sind tabu.** Auf jegliche Form der Beurteilung des Gesagten oder gut gemeinte Ratschläge und Lösungsangebote sollte während des Zuhörens vollständig verzichtet werden. Will der Sprechende so etwas hören, wird er danach fragen.

Ein guter Zuhörer ist ein ablenkungsfreier Resonanzkörper.

44. Schweigen können

Eines der häufigsten Missverständnisse in der Gesprächsführung ist, dass man dabei immer reden müsste. Dabei gibt es kaum etwas, das im Gespräch unfreundlicher wirkt, als zu reden, wenn der andere gerade gehört werden möchte.

Schweigen ist die am meisten unterschätzte Gesprächsstrategie von allen. Denn ein schweigender Gesprächspartner ist einer, der dem anderen Raum lässt und Zeit gibt, um seine Gedanken auszubreiten und sich selbst reden zu hören. Doch das Schweigen fällt uns schwer. »Es dauert zwei Jahre, sprechen zu lernen – und sechzig, um schweigen zu lernen«, hat Ernest Hemingway einmal formuliert.

Und tatsächlich: Schweigen ist manchmal unvorstellbar schwierig. Wenn andere reden, geschieht so viel in unserem Gehirn. Die Gedanken eines anderen inspirieren eigene Gedanken. Wenn wir anderer Meinung sind, bauen sich innerlich Widerstände auf. Wenn wir Argumente haben, wollen wir ergänzen oder widerlegen. Wenn wir Geschichten hören, wollen wir eigene beitragen. Wenn wir uns betroffen fühlen, bricht der Affekt sich Bahn. Schweigen ist schwierig, weil wir teilhaben wollen.

Doch die Mühe lohnt sich. Lernen Sie, schweigend zu warten, während andere Menschen überlegen und sich ihre Worte zurechtlegen. Wir machen viel in Gesprächen kaputt, indem wir alles vorwegzunehmen versuchen. Damit erreichen wir dann leider oft genau das: dass wir dem Gespräch etwas wegnehmen. Ungeduldiges Hineinreden wirkt respektlos. Nichts ist unbefriedigender als ein Gespräch mit einem Menschen, der sich scheinbar gar nicht für das interessiert, was man sagt, und jede Gelegenheit nutzt, um mit seiner nächsten großartigen Anekdote in die kleinste Sprechpause zu springen.

Schlau ist das Schweigen übrigens auch: Wer den Mund hält, bekommt mehr zu hören. Die meisten Menschen vertrauen guten Zuhörerinnen nämlich eher – weil sie bei ihnen das Gefühl haben, ihre Worte werden gehört und auch ernst genommen. In manchen Umfeldern, wo es besonders auf einen guten Informationsfluss und verlässliche Kooperation zwischen den Beteiligten ankommt, kann das von entscheidender Bedeutung nicht nur für den Erfolg der Kommunikation sein, sondern auch für das Erreichen gemeinsamer Ziele. Dazu gehört zum Beispiel die Medizin, wo die Qualität der Kommunikation enormen Einfluss auf den Therapieerfolg hat.

Das zeigt zum Beispiel eine Studie, in der die Redeanteile von Ärzten und Ärztinnen in Patientengesprächen miteinander verglichen wurden. Wie sich herausstellte, unterbrechen Medizinerinnen ihre Patienten beim Sprechen im Schnitt erst nach drei Minuten. Ihre männlichen Kollegen halten gerade mal 47 Sekunden aus, bevor sie dazwischenreden. Und die Zufriedenheit der Patienten mit Arztgesprächen, auch das ist erwiesen, hängt viel stärker mit dem eigenen Gesprächsanteil zusammen: Er sollte idealerweise größer sein als der des Arztes.[49]

Den Zuhörforschern Ralph G. Nicols und Leonard A. Stevens zufolge gibt es verschiedene Arten von Schweigen, von denen zwei den Gesprächsfluss fördern: zum einen das warme, aufnahmebereite Schweigen, das Verständnis vermittelt und den Wunsch suggeriert, mehr hören zu wollen; zum anderen das neutrale Schweigen, das dem Sprechenden zeigt: Ich lasse dich reden, solange du etwas zu sagen hast.

An diesen beiden Schweigearten erkennen wir die sogenannten guten Zuhörer. Sie lassen uns ausdenken – und reden und plappern nicht permanent dazwischen, während wir uns mitzuteilen versuchen. Es mag kontraintuitiv sein, doch Schweigen ist in der Gesprächsführung eine vertrauensbildende Maßnahme.

Zu einem guten Gespräch gehört mindestens einer, der kompetent schweigen kann.

45. Nicht bagatellisieren und nicht verschlimmern

Eine freundliche Haltung einzunehmen, ist das eine; sie auch in schwierigen Gesprächen zu wahren, ist etwas anderes. Was zum Beispiel tun, wenn ich mit starken Gefühlen von meinem Gegenüber konfrontiert bin? Einem wütenden Kind, einer trauernden Freundin, einem zornigen Kunden freundlich zu begegnen, ist wesentlich anspruchsvoller als eine entspannte Plauderei bei eitel Sonnenschein.

Wie gelingt Freundlichkeit unter erschwerten Bedingungen?

Die wichtigste Regel lautet: starke Gefühle nicht bagatellisieren, also kleinreden – aber auch nicht verschlimmern, also aufbauschen. Typischerweise tun wir beides in guter Absicht, aber mit unerwünschter Wirkung.

In einem meiner Trainings hat einmal ein Teilnehmer von der Beerdigung seiner Mutter berichtet. Während er äußerlich seine Fassung wahren konnte, hatte er innerlich sehr emotional auf einige der Beileidsbekundungen reagiert. Seine Mutter war sehr alt verstorben – was einige der Trauergäste zu folgenden Äußerungen verleitete: »Sie hat ja ein stolzes Alter erreicht.« – »Sie hatte doch einen angenehmen Tod.« – »Sie hat so ein gutes Leben gelebt.« All diese Worte sollten Trost spenden – das verstand auch der trauernde Sohn. Und doch setzten sie ihm zu. Der Grund ist, dass sie in gewisser Weise den Tod der geliebten Mutter relativieren – und das hält man als Angehöriger an einem solchen Tag nur sehr schwer aus. Reduziert eine dieser Äußerungen die Trauer der Hinterbliebenen? Natürlich nicht. Doch für den Empfänger klingt sie, als wollte ich damit sein Gefühl delegitimieren, in diesem Fall also die Trauer – und das kann sehr schmerzhaft sein.

Dasselbe gilt für Äußerungen, die das starke Gefühl noch verschlimmern. Auch an diese Form von Mitleidsbekundungen konnte der Teilnehmer sich erinnern: »Um Gottes willen, wie kommt dein alter Vater denn jetzt allein zurecht?« – »Das muss ja schrecklich für dich sein, wie hältst du das nur aus?« – »Wie wollt ihr jetzt bloß alles geregelt kriegen mit dem großen Haus?«

All diese Fragen sind gut gemeint – immerhin versuchen sie ja, die Perspektive des Trauernden einzunehmen und die Situationen mit seinen Augen zu sehen. Besser fühlt sich danach jedoch höchstens derjenige, der sein Mitleid bekundet – nicht derjenige, der es empfängt. Denn dieser Mensch ist ohnehin schon von starken Gefühlen übermannt. Nun steht jemand vor ihm, der noch Salz in die Wunde streut und die Trauer und Verzweiflung damit noch verstärkt.

Verschlimmerungen und Bagatellisierungen starker Gefühle sind im Grunde immer gut gemeint – aber sie sind nicht gut. Besser ist es in solchen Situationen, gar nichts zu sagen, sondern einfach nur da zu sein. Ein trauernder Mensch wird vielleicht lieber in den Arm genommen, ein wütender lieber in Frieden gelassen werden.

Freundlichkeit muss nicht immer verbalisiert werden.

46. Sich ein Beispiel an weiblicher Gesprächsführung nehmen

Frauen sind die besseren Zuhörerinnen. Ich nehme es niemandem übel, der jetzt »Klischee« ruft, aber es ist erwiesen. Den Beweis hat eine Studie in einem der anspruchsvollsten Umfelder für Kommunikation überhaupt erbracht: in der Arzt-Patienten-Kommunikation.

Das Thema der Studie war die sogenannte Sprechende Medizin – ein Trend, den es in der Weißkittelzunft inzwischen seit geraumer Zeit gibt. Er geht auf die Erkenntnis zurück, dass Mediziner dazu neigen, mit ihren Patienten zu viel Fachchinesisch zu sprechen, sich zu wenig Zeit für Erklärungen zu nehmen und nicht genug auf die Sorgen und Bedürfnisse ihrer Patientinnen einzugehen.

Das Problem ist: Ärzte lernen in ihrer Ausbildung, einen mit Fachbegriffen gespickten Jargon zu sprechen, den kein Mensch außerhalb ihres Fachgebiets versteht. Daher ist es gar kein Wunder, wenn sie das später gar nicht mehr merken. Werden dieselben Experten nun aufgefordert, mehr mit ihren Patienten zu reden, führt das unweigerlich dazu, dass sie mehr von dem sagen, was niemand versteht.

Wie also, haben sich Experten gefragt, könnte man die Kommunikation verbessern? Um Antworten zu finden, wurden in einer Studie der Universität Leipzig Patientinnen unter anderem dazu befragt, was Arztgespräche auszeichnet, die ihnen tatsächlich dabei helfen, ihre Krankheit besser zu verstehen und sich bei der Therapie kooperativ zu verhalten.[50]

Wie sich herausstellte, hilft es ungemein, wenn der Arzt

eine Ärztin ist. Nicht weil die Patienten Frauen als behandelnde Medizinerinnen bevorzugen würden. Der Zusammenhang ergab sich vielmehr indirekt aus dem Abgleich der Statistiken und dem Vergleich des Gesprächsverhaltens unter den Geschlechtern.[51]

Erstens können Ärztinnen besser und länger zuhören und ermutigen womöglich sogar, zu fragen – und zufällig spielt genau das eine große Rolle bei der Zufriedenheit von Patienten bei Arztgesprächen.

Zweitens sind Ärztinnen empathischer. Das drückt sich im Gesprächsverhalten darin aus, dass sie besser aktiv zuhören können – eines der zentralen Instrumente der Empathie. Patienten fühlen sich gut aufgehoben, wenn sie aufrichtiges Interesse bei ihrem Gesprächspartner spüren – zum Beispiel durch eine zugewandte Körperhaltung, Augenkontakt, gezieltes Nachfragen und das Spiegeln von Beobachtungen im Gesprächsverlauf.

Drittens hat sich gezeigt, dass Patienten, die von Ärztinnen behandelt werden, statistisch betrachtet länger leben als solche, die von Ärzten behandelt werden. Es scheint also einen klaren Zusammenhang zwischen Gesprächsqualität und Therapieerfolg zu geben. Das dürfte unter anderem damit zusammenhängen, dass man mehr Informationen bekommt, wenn man mehr und besser zuhört – und das kann beim Finden einer Diagnose zweifellos von Vorteil sein.

Natürlich gibt es auch viele Männer, die gut zuhören können. Doch hier geht es um das Zuhören als Mittel freundlicher Kommunikation – und da können die meisten von uns noch dazulernen. Statistisch betrachtet jedenfalls scheint im Feld der Medizin die weibliche Art der Gesprächsführung erfolgreicher zu sein. Glücklicherweise steht es jedem Mann frei, das Klischee zu widerlegen, Frauen seien die besseren Zuhörer. Besonders jetzt, da es bewiesen ist …

Frauen sind die besseren Zuhörer, und Männer dürfen von ihnen lernen.

47. Aufmerksamkeit nicht vortäuschen

Anderen ein guter Gesprächspartner zu sein und dafür als freundlicher Mensch wahrgenommen, ist doch ganz leicht, oder? Alles, was man dafür tun muss, ist, Signale der Aufmerksamkeit aussenden, und schon fühlen andere sich wohl mit uns: einen konzentrierten Blick aufsetzen, eine aufrechte Körperhaltung einnehmen, dem anderen ins Gesicht schauen und ab und zu nicken.

Weit gefehlt: Menschen haben sehr gute Antennen dafür, ob jemand tatsächlich aufmerksam ist oder nicht. Werden wir dabei ertappt, wie wir Aufmerksamkeit faken, wirkt das nicht nur ein bisschen weniger freundlicher, als man vielleicht meinen könnte – sondern besonders unfreundlich. Jemandem die Aufmerksamkeit zu entziehen und gleichzeitig unaufrichtig zu sein, kann je nach Gestimmtheit des Gesprächspartners sogar als Provokation wahrgenommen werden, mindestens aber als grobe Unachtsamkeit.

Deshalb ist es wichtig, bewusst von vorgetäuschter Aufmerksamkeit Abstand zu nehmen – auch wenn die Versuchung im Alltag manchmal groß sein mag. Schließlich leiden wir unter einer ständigen kognitiven Überforderung: Wenn gerade mal niemand an die Bürotür klopft, ins Bett gebracht werden will oder telefonische Rückfragen hat, reden Meinungsträger, Influencer und Energievampire auf uns ein. So kommt es, dass wir für die echten Gespräche mit den wichtigen Menschen in unserem Leben manchmal gefühlt keine Kapazität mehr haben.

Hier ist ein Tipp für die Beziehungspflege, wenn es wieder einmal so kommt: Lieber das Gespräch vertagen und einen konkreten Vorschlag machen, als die Aufmerksamkeit faken. »Es tut mir wirklich leid, aber ich kann dir heute nicht mehr so zuhören, wie du es verdienst. Können wir morgen früh sprechen?« Wenn der anderen Person das Gespräch wichtig ist (nicht dringlich), wird sie dafür dankbar sein – denn immerhin signalisiert diese Antwort, dass man sich wirklich angemessen auf den Austausch einlassen möchte: Wenn ich mit dir rede, dann hast du auch Priorität.

Auch wenn es manchmal freundlicher erscheinen mag, selbst mit leerem Akku noch ein Gespräch zu erzwingen und die Aufmerksamkeit vorzutäuschen: Das Risiko, die Beziehung zu beschädigen, ist auf diese Weise deutlich höher als bei einer Verzögerung – vor allem, wenn solche Situationen häufig auftreten.

Aufmerksamkeit priorisieren ist besser als Aufmerksamkeit faken.

48. Nicht ungefragt die Welt erklären

Wenn Menschen sich in einer Diskussion verwundert, verärgert oder irritiert zeigen, ist Welterklärung ein typisches Reaktionsmuster. Oft entspringt es einer guten Absicht: Wir möchten dem Gegenüber zu verstehen helfen, was wir selbst glauben, schon verstanden zu haben. Also erörtern wir erst einmal Gott und die Welt, am besten noch in möglichst einfachen Worten, als würden wir ein Kind belehren. Und dann wundern wir uns, wenn der andere sich vielleicht noch mehr aufregt als zuvor.

»Warum muss ich wegen des Bahnstreiks wichtige Termine versäumen – gibt es für den Lohnkonflikt nicht eine bessere Lösung?« Auf diese komplexe Frage sieht sich in Online-Foren schon mal jemand genötigt, mit einer einfachen Erklärung aufzuwarten: »Weil in diesem Land niemand mehr Lust auf Arbeit hat« zum Beispiel, oder »Weil die Bahnvorstände sich die Taschen vollstopfen müssen«. Hilfreich oder lösungsorientiert ist keine dieser Antworten – doch im Affekt einer aufgeheizten Debatte geht eine solche Einlassung schnell mal über die Lippen (oder die Tasten).

Das Problem an der Strategie »Welterklärung«, die oft auch zur Beschwichtigung eingesetzt wird, ist Folgendes: Wir unterstellen anderen damit eine bestimmte Reaktion, eine bestimmte Interpretation oder auch eine bestimmte Motivation für ihr Verhalten – sei es Unwissenheit, Undifferenziertheit oder Ignoranz. Und mit Unterstellungen kann man leicht falschliegen – denn oft spiegelt man damit stärker sich selbst und die eigene Sicht auf das Thema als das Gegenüber und dessen Bedürfnisse.

Wer sagt denn, dass die andere nicht längst einen Gedankenschritt weiter ist als ich selbst? Wer bin ich denn, um anzunehmen, dass dieser Mensch unterrichtet werden will? Und was lässt mich glauben, dass ausgerechnet ich dazu berufen bin? Dass sich beim Lohnkonflikt zwischen Bahn und Gewerkschaft Parteien mit unterschiedlichen Interessen gegenüberstehen, war der Fragestellerin vielleicht auch schon aufgefallen; ihr Interesse mag tatsächlich einem rationalen Lösungsweg gelten.

Besser als die Welt zu erklären, ist, der tatsächlichen Motivation für eine Aussage oder ein Verhalten auf den Grund zu gehen: »Was meinst du genau?« oder »Worauf beziehst du dich?« Solche klärenden Fragen sind der freundliche Weg, Menschen bei ihrer Reaktion auf ein Thema abzuholen. Denn diese und ähnliche Fragen konkretisieren die diffuse Reaktion. Die Antwort wird mir einen Anhaltspunkt geben, was wirklich im anderen vorgeht – und darauf kann man verständnisvoll, empathisch oder auch kritisch reagieren.

Konkretisierend rückfragen ist freundlicher als ungefragt dozieren.

49. Konversationellen Narzissmus vermeiden

Was unterscheidet Menschen, mit denen wir gern reden, von Menschen, mit denen wir uns im Gespräch unwohl fühlen? In hohem Maße hat das mit der Qualität des Zuhörens zu tun. Es gibt Menschen, die uns mit ihrem Zuhörverhalten beim Erzählen und Reflektieren unterstützen. Und es gibt solche, die nur darauf warten, dass sie endlich selbst reden dürfen. Da wir alle in gewissem Maße zwischen beiden Verhaltensweisen schwanken, ist es hilfreich, sich dessen bewusst zu sein, um unser Zuhörverhalten steuern zu können.

Der Soziologe Charles Derber erforscht die Rhetorik der Aufmerksamkeit seit einem halben Jahrhundert. Er hat herausgefunden, dass sich die Gesprächsführung guter Zuhörender vor allem in ihrer Art zu antworten unterscheidet. Derber unterscheidet zwei Grundtypen von Antworten: Bei der shift response (ablenkende Antwort) wird die Aufmerksamkeit von der oder dem Sprechenden weg und auf die oder den Antwortenden gelenkt. Die support response (unterstützende Antwort) hilft der oder dem Sprechenden, besser zu formulieren und ihre oder seine Erzählung oder Botschaft noch besser zu transportieren. Dadurch fördert sie zugleich ein besseres Verständnis des Gegenübers beim Zuhörenden.[52]

Das folgende Beispiel verdeutlicht, warum die support response eher zum Weitersprechen animiert: »Ich trage jetzt nur noch Barfußschuhe.« Eine shift response hierauf wäre etwa: »Für mich käme das nie infrage, dafür muss ich viel zu viel laufen.« Eine support response könnte lauten: »Respekt! Merkst du schon eine Veränderung?« oder »Erzähl mal, was sind denn die Vorteile?«

Wie Charles Derber festgestellt hat, kommen ablenkende Antworten wesentlich häufiger vor als unterstützende Antworten. Gute Zuhörende sind also in der Minderheit – was ein Grund dafür sein dürfte, dass sie sozial oft sehr beliebt sind. Leider sind die meisten Menschen im Gespräch auch beim Zuhören eher auf Senden programmiert als auf Verständnis. Der von shift responses dominierte Antwortstil heißt bei Derber daher auch »konversationeller Narzissmus«.[53] Dieser wird laut einem Essay einer US-amerikanischen Gruppe von Kommunikationsforschenden von der University of Iowa charakterisiert durch einen »extremen

Ich-Fokus in einem Gespräch, bis hin zum Ausschluss angemessener Beachtung des anderen.«

Neben den Aufmerksamkeit heischenden Antworten wird der konversationelle Narzissmus den Wissenschaftlern zufolge auch noch mit weiteren Strategien assoziiert – darunter Angeberei, Lenkung des Gesprächsfokus auf sich selbst, übertriebene Hand- und Körpergestik, lautes Sprechen und »Abdriften«, wenn andere sprechen. Das sind Verhaltensweisen, die wohl jeder schon mal beobachtet hat – zum Beispiel bei Stehempfängen und Messepartys.[54]

Gute Zuhörerinnen wirken auf andere wesentlich freundlicher, weil sie eben nicht permanent versuchen, das Gespräch an sich zu reißen. Wer andere in ihrem Gesprächsfluss unterstützt – zum Beispiel mit neugierigen Nachfragen –, demonstriert aufrichtiges Interesse an der Person und ihrer Geschichte. Die diskrete Unterstützung beim Reden ist zudem frei von jeglicher Manipulation. Zudem bemühen gute Zuhörer sich mit ihrem Antwortverhalten aktiv darum, alles richtig zu verstehen, wodurch Missverständnisse von vornherein verhindert werden können.

Wer seinen Antwortstil auf überwiegend »support responses« umstellt, wirkt also auf einen Schlag freundlicher auf andere. Aber Achtung: Der konversationelle Narzissmus schleicht sich manchmal auch unbemerkt ins Gespräch ein, indem wir unsere eigenen Botschaften in die Antwortformulierung einschleusen. Gute »support responses« sind vor allem offene Fragen (»Wie ist es dazu gekommen?«; »Wie hast du dich da gefühlt?«), die nicht mit »… oder?« enden und sich nicht als Vorträge mit lauter unnützen Informationen und versteckten Meinungsäußerungen tarnen.[55]

Gute Zuhörer wollen zuerst verstehen, nicht die Aufmerksamkeit lenken.

50. Den Raum lesen

In manchen Sprachen gibt es ein Wort für die Fähigkeit, die Stimmung in seiner Umgebung zu erkennen und sich danach zu verhalten. Bezeichnet das recht verbreitete »to read a room« (»einen Raum lesen«) im Englischen vor allem die Fähigkeit zu erkennen, welche gruppendynamische Konstellation in einer bestimmten Situation vorliegt, geht das koreanische Prinzip des »nunchi« noch um einiges weiter. Dieser »sechste Sinn« ist tief in der Kultur des ostasiatischen Landes verankert. Er kann als soziale Grundkompetenz betrachtet werden, die jeder Interaktion unterliegt.

Vage übersetzen lässt sich »nunchi« mit dem deutschen »Augenmaß«, reicht aber psychologisch deutlich tiefer. Es ist die Kunst, auf einen Blick intuitiv zu erfassen, was andere Menschen um mich herum gerade denken und fühlen.

Doch selbst auf dieser differenzierten Wahrnehmungsebene macht die Bedeutung noch nicht halt: »Nunchi« bezieht auch die Handlungsebene mit ein. Wenn Koreaner einer Person »nunchi« zuschreiben, meinen sie damit auch, dass dieser Mensch sich seinem Gespür für die Gefühle, Gedanken und Erwartungen anderer entsprechend zu verhalten in der Lage ist

Wer bei einem Anruf im Zug sofort aufspringt, um das Gespräch draußen vor dem Abteil anzunehmen, und sich selbst dabei noch dämpfend die Hand vor den Mund hält, verfügt ebenso über »nunchi« wie jemand, der voraussehen kann, wenn eine Verwandte mit dem Kochen für die Familienfeier überfordert sein könnte, und deshalb unaufgefordert noch etwas Hausgemachtes zum Familienfest mitbringt. Wer »nunchi« hat, erkennt auch, wenn einem Gesprächspartner etwas unangenehm ist, und wechselt das

Thema. Zu wissen, welches Getränk nachzuschenken ist, wenn das Glas des Gastes leer wird, ist ebenfalls »nunchi« zu verdanken. Genauso wie als Gast zu erkennen, wann es an der Zeit ist, sich auf den Weg nach Hause zu machen …

Sich freundlich verhalten zu wolllen, reicht beim »nunchi« also nicht. Zugeschrieben wird einem diese Fähigkeit erst, wenn man sich bewusst die Mühe macht, sie auch einzusetzen und anderen ein Stück entgegenzukommen. Ein Wort dafür mag uns im Deutschen fehlen – die Haltung dahinter ist universell.

Sich in andere hineinzuversetzen, ist ein simpler Akt des guten Willens.

51. Emotionen artikulieren, nicht aufstauen

Einer der folgenreichsten Irrtümer in zwischenmenschlichen Beziehungen ist die Vorstellung, dass es freundlich wäre, negative Gefühle runterzuschlucken, um andere zu schonen.

Wenn wir gestresst sind oder gerade »andere Sorgen haben«, verhalten wir uns selbst schon mal achtlos. Ist es nicht anständig, liebevoll sogar, in solchen Momenten auf eine Korrektur zu verzichten, wenn der andere nicht gut mit mir umgeht?

In Bezug auf das Timing: ja. In der Sache: nein, jedenfalls nicht regelmäßig. Auf diese Weise entstehen Sollbruchstellen, die irgendwann die Statik der ganzen Beziehung gefährden können.

Gefühle, die nirgendwohin können, verschwinden nicht – sie stauen sich auf. Unter der Oberfläche verborgen, fressen sie sich nach und nach durch die Substanz der gegenseitigen Zuneigung. Was sich lange als Gewohnheit tarnen mag, wird irgendwann zur Belastung. Jeder, der langjährige Beziehungen kennt, ein Kind großgezogen hat oder seit Jahren im selben Unternehmen arbeitet, weiß das: Wir können vieles vergeben, und es ist gut, dass wir uns darum bemühen. Vergessen können wir vieles jedoch nicht, weil emotionale Verletzungen keine rationale Entscheidung sind, sondern eine unwillkürliche Reaktion.

Je länger man störende Verhaltensweisen duldet, ohne sie zu thematisieren, desto stärker wird die Reaktion ausfallen, wenn sie sich eines Tages in einem schwachen Moment doch Bahn bricht. Aus scheinbar heiterem Himmel sieht der andere sich mit einem Aggressionsdurchbruch konfrontiert und versteht die Welt nicht mehr. Er oder sie hat ja keine Ahnung, wie viele Frustrationsmomente diesem einzelnen Anlass vorausgegangen sind.

Spätestens in diesem Moment ist nichts daran mehr fair, was als Toleranz gedacht war: Beide Seiten leiden auf diese Weise mehr, als sie müssten.

Leider braucht es auch gar nicht viel, damit sich eine Asymmetrie in einer Beziehung einschleicht und negative Emotionen beginnen, den Umgang miteinander zu unterwandern. Muster entstehen zwar nicht über Nacht. Allerdings kann auch niemand vorhersagen, an welchem Punkt genau die Akzeptanz endet und die Ablehnung beginnt.

Ist dieser Punkt erreicht, kehrt die Asymmetrie sich auf fatale Weise um: Nun beginnen sich beim Duldenden nach und nach Muster in die Gesprächsführung einzuschleichen, die aus den verdrängten Verletzungen hervorgehen. Eine

Randbemerkung hier, eine Stichelei da, eine verweigerte Kooperation dazwischen.

Vermeiden lassen sich diese unbewussten Muster am besten, indem man Gefühle im Umgang miteinander thematisiert. Tatsächlich muss das nicht jedes Mal im Moment der Störung geschehen; ein unbedachtes Wort unter großem Druck kann jedem unterlaufen. Genauso legitim ist es allerdings auch, bei passender Gelegenheit, spätestens aber im Wiederholungsfall darauf hinzuweisen: »Als ich dich neulich nach dem Wochenendausflug gefragt habe, als du in Eile warst, hast du gleich das Thema gewechselt, und da war ich schon etwas traurig.«

Kommunikation hat immer eine emotionale Ebene; je bedeutungsvoller die Beziehung, desto präsenter ist sie. Indem wir lernen, diese Ebene in unseren Gesprächen zu berücksichtigen, tun wir anderen genauso einen Gefallen wie uns selbst: Darauf hinzuweisen, was als unfreundlich ankommt, ermöglicht Freundlichkeit. Emotionen zu artikulieren, ist also nicht etwa zickig, sondern rücksichtsvolles und vorausschauendes Beziehungsverhalten – solange sie vorwurfsfrei thematisiert werden.

Gefühle zu artikulieren, ist eine wichtige Maßnahme der Beziehungshygiene.

52. Kontakt etablieren

Kinder wissen, wie man Aufmerksamkeit erzeugt. Sie sorgen mit ihrer Vorgehensweise nämlich dafür, dass beide Seiten maximal präsent sind, bevor die Interaktion überhaupt beginnt. Das macht ihre Kommunikation nicht nur besonders effektiv, sondern auch besonders verbindlich. Was uns als Eltern manchmal nervt, ist eigentlich ein äußerst respektvoller Akt: Kleine Kinder stellen Augenhöhe her, bevor sie reden.

Damit folgen die kleinen Kommunikationsgenies intuitiv einer gut erforschten Regel: Ein erfolgreiches Gespräch setzt voraus, dass ein direkter und stabiler Kontakt zwischen den Redenden etabliert wurde. Damit meine ich keine fünf Balken am Smartphone, sondern einen physisch nachweisbaren Kontakt, der dem Kind zeigt: Papa oder Mama ist präsent und hört mir auch wirklich zu.

Aufgefallen ist mir das zuerst morgens im Bad, als mein jüngerer Sohn Johann noch klein war. Ich rasierte mich gerade, während er nach dem Aufwachen noch beim Hochfahren war. Oft gingen ihm dabei noch seine Träume durch den Kopf. Also hob er an, mir eine Geschichte zu erzählen. Doch bevor er damit anfing, suchte er erst mal den Kontakt.

»Papa?«, stieg er in das Ritual ein, das ich unzählige Male erlebt habe.

»Hm?«, antwortete ich, und rasierte mich in aller Ruhe weiter – schließlich konnte er mir die Geschichte ja auch erzählen, während ich in den Spiegel blickte.

Das sah Johann allerdings ganz anders. »Papa!«, wiederholte er einige Sekunden später, begleitet von einem Ziehen an meinem Ärmel. Da begriff ich endlich, worauf er wartete. Und siehe da: Kaum wandte ich mich ihm zu und stellte Blickkontakt her, fing er auch schon an zu erzählen.

Abends auf dem Sofa wendete Johann als Variation auf diese Strategie manchmal sogar eine noch direktere Methode an: Wenn er mir etwas erzählen wollte, nahm er meinen Kopf in beide Hände und drehte mein Gesicht zu sich hin – etablierte den Blickkontakt also kurzerhand selbst.

Bis heute sagen meine beiden Söhne, wenn sie mit mir sprechen möchten, nicht etwa: »Papa, hör mal!«, sondern »Papa, guck!« Sie fordern also intuitiv den Blickkontakt ein.

Das funktioniert unter Erwachsenen ebenfalls sehr gut: Wir können Menschen Ansehen verleihen, indem wir sie ansehen. Der Körperspracheexperte Stefan Verra nennt dasselbe Prinzip die »Nase-Nabel-Regel«, und die gilt genauso unter Erwachsenen: Wenn man einen Menschen im Gespräch erreichen möchte, muss man erst einmal Nase und Nabel auf ihn richten. Als Kinder wussten wir das offenbar intuitiv. Doch dann haben wir es verlernt. Nach einem Vierteljahrhundert Rhetoriktrainings und als zweifacher Vater bin ich inzwischen der Meinung, dass wir unseren Kindern die Überzeugungskraft abgewöhnen, und nicht etwa beibringen.

Deshalb gibt es so viele Theorien und Methoden für mehr Durchsetzungsstärke: Wir müssen uns als Erwachsene zurückerobern, was wir als Kinder schon einmal konnten. Das ist eigentlich schon seltsam genug. Viel merkwürdiger ist allerdings, dass wir durchsetzungsfähige Menschen gern mal als unfreundlich hinstellen – weil sie keinen Hehl daraus machen, dass sie unsere Aufmerksamkeit haben wollen.

Ist Verbindlichkeit nicht eigentlich eine sehr freundliche Ausgangslage für ein Gespräch? Wer Verbindlichkeit sucht, meint es ernst mit uns. Eine zugewandte Haltung signalisiert dem Gegenüber Gesprächsbereitschaft und Offenheit.

Wie oft verstoßen wir dagegen, indem wir einander etwas im Vorbeigehen zurufen oder vor uns hin murmeln, während der Empfänger mit etwas anderem beschäftigt ist – oder sogar im anderen Raum? Und dann wundern wir uns, wenn andere uns nicht hören oder vielleicht auch nicht hören wollen.

Statt Aufmerksamkeit einzufordern, sollten wir uns um stabilen Kontakt bemühen.

53. Lächeln

Die Macht des Lächelns ist gut untersucht und vielfach wissenschaftlich bestätigt.[56] Was jeder aus eigener Erfahrung leicht nachvollziehen kann, ist daher solide wissenschaftlich erklärbar: Ein Lächeln ist ein universelles Signal für eine positive Stimmung, Bestätigung, Sympathie. Einem lächelnden Menschen gegenüber sind wir weniger skeptisch, selbst wenn es sich um eine Fremde handelt. Es kann dafür sorgen, dass unser Neandertaler-Gehirn vom Bedrohungs- in den Annäherungsmodus wechselt – eine Grundvoraussetzung für gelingende Kommunikation.

Da wir dazu neigen, andere Menschen mit ihrem Verhalten zu spiegeln, reagieren wir auf ein Lächeln, das wir echt (was unser Gehirn aufgrund von Erfahrungswissen über Mimik mit hoher Genauigkeit einzuschätzen vermag) finden,mehr oder weniger instinktiv mit freundlichem Verhalten im Gegenzug.

Dieses Verhalten kann darin bestehen, dass wir höflich zurücklächeln. Es kann aber auch sein, dass wir, motiviert durch ein Lächeln, eher bereit sind, anderen Menschen zu helfen. So hat eine Untersuchung mit Passanten beispielsweise ergeben, dass das Lächeln einer unbeteiligten dritten Person uns ebenfalls zum Helfen motiviert. Die Forschenden vermuten, dass Lächeln die Stimmung hebt – und wenn wir gut aufgelegt sind, steigert das unsere Hilfsbereitschaft.

Lächeln lässt uns also nicht nur sympathischer auf andere wirken. Es kann auch dabei helfen, andere zur Kooperation zu bewegen. Lächeln ist ein Argumentationsbooster!

In emotional aufgeladenen Situationen ist lächeln manchmal sogar besser als reden. Ein schweigendes Lächeln kann helfen, die Gemüter abzukühlen und Kooperationsbereitschaft zu signalisieren.

Auch in Situationen, in denen andere mit Konfrontation rechnen, kann ein Lächeln geradezu Wunder bewirken. Stellen Sie sich vor, Sie haben eine Aussprache mit Ihrer Partnerin oder Ihrem Kind über ein Reizthema, bei dem es bisher verlässlich jedes Mal geknallt hat. Dasselbe gilt in angespannten Verhandlungsrunden. In solchen Situationen gehen normalerweise beide Seiten bereits unter starker Anspannung ins Gespräch – mit dem Ergebnis, dass es viel leichter zur Nichteinigung oder sogar zur Eskalation kommt.

Beginnen Sie ein solches Gespräch bereits mit einem Lächeln, senden Sie damit ein Zeichen der Deeskalation und Kooperationsbereitschaft. Das ist natürlich nicht in allen konfrontativen Gesprächssituationen die richtige Wahl, je nachdem, welche Gesprächsstrategie Sie verfolgen. Doch wann immer es um langfristige Kooperation geht, können Sie mit einem Lächeln selten etwas falsch machen, denn es erhöht – wie beschrieben – auch beim Gegenüber die Bereitschaft zum Entgegenkommen.

Daran erinnerte mich regelmäßig mein Filialleiter während meiner Ausbildung zum Bankkaufmann – denn ich gehöre von Natur aus nicht zu den Menschen, die sehr viel lächeln. Da ich um die Bedeutung des Lächelns in der Kommunikation weiß, übe ich mich bis heute darin.

Eine wichtige Unterscheidung darf nicht unerwähnt bleiben: Unser Gehirn kann aufgrund von Erfahrungswissen in aller Regel hervorragend zwischen einem echten und einem aufgesetzten Lächeln unterscheiden. Letzteres kann in aufgeheizten Situationen sogar als zusätzliche Provokation empfunden werden.

Deshalb gilt fürs Lächeln dasselbe wie für viele andere körpersprachliche und mimische Wirkverstärker: Nur was authentisch ist, wirkt. Wenn Ihnen nicht nach Lächeln zumute ist, ringen Sie sich lieber keines ab; Ihre Gesprächspartnerin spürt den Unterschied und schließt daraus im schlimmsten Fall, dass Sie nicht ganz aufrichtig sind.

Ein Lächeln ist umso wirkungsvoller, je weniger man damit rechnet.

54. Sich verbal und nonverbal aufmerksam zeigen

Aufmerksame Menschen werden als freundliche Menschen wahrgenommen. Diese Qualität lässt sich nicht simulieren; andere spüren, ob wir uns wirklich auf ihre Worte einlassen und ihnen in der Tiefe zu folgen bemüht sind. Indem wir jemandem Aufmerksamkeit schenken, also gut zuhören, geben wir dieser Person das Gefühl, dass wir versuchen, sie wirklich zu verstehen. Dadurch öffnet sie sich nach und nach immer weiter. Durch diesen Prozess entsteht eine positive Rückkopplungsschleife, die in eine stärker verbundene Beziehung mündet.[57]

Woran aber erkennen andere Menschen, ob wir ihnen

tatsächlich Aufmerksamkeit schenken? Und umgekehrt: Woran kann ich in Zukunft über den subjektiven Eindruck hinaus überprüfen, wie interessiert mein Gegenüber tatsächlich an mir und meinen Aussagen ist?

Die US-amerikanische Psychologin und Hirnforscherin Susan Krauss Whitbourne hat in einem Beitrag für das Fachjournal *Psychology Today* in Auswertung zahlreicher Forschungsergebnisse zu diesem Thema zehn Faktoren festgehalten, die gute Zuhörende auszeichnen.[58] Die entscheidende Erkenntnis aus dieser Liste ist die Tatsache, dass wir sowohl an verbalen als auch an nonverbalen Signalen erkennen, ob jemand wirklich bei der Sache ist und genau verstehen will, was wir mitteilen.

Verbale Signale, die Verständnis anzeigen:

- Reflektieren, indem man paraphrasiert – also das Gesagte umschreiben, um zu zeigen, dass man den Sinn verstanden hat;
- Offene Fragen stellen, die das Gegenüber zum Reden animieren;
- Bekräftigen, was die andere Person sagt, und damit demonstrieren, dass man es verstanden hat;
- Verständnis mit bestätigenden Äußerungen wie »Okay«, »Mhm«, »Ich verstehe« anzeigen;
- Gelegentlich den Namen des Sprechers erwähnen, um Wertschätzung zu zeigen.

Nonverbale Signale, die Aufmerksamkeit erkennen lassen:

- Mimische Äußerungen, die Interesse, Empathie und Neugierde signalisieren;
- Kopfnicken an bedeutsamen Stellen im Gespräch;
- Zugewandte Körperhaltung;

- Augenkontakt halten;
- Schweigen und nicht unterbrechen, während der andere redet.

Viele Signale aus dieser Liste senden wir – je nach individuellem Gesprächsverhalten – ganz automatisch. So werden die meisten Menschen zum Beispiel nicken und bei überraschenden Aussagen die Augenbrauen hochziehen, wenn sie an ihrem Gegenüber interessiert sind, oder zwischendurch zustimmende Laute und Äußerungen von sich geben.

An einigen dieser Qualitäten können viele Menschen aber – obwohl sie bereits im Ansatz vorhanden sein mögen – bewusst arbeiten, um anderen deutlicher erkennen zu geben, dass ihre Worte auf Gehör stoßen. Wenn ich beispielsweise dazu neige, mich leicht ablenken zu lassen oder anderen ins Wort zu fallen, obwohl ich aufrichtig an ihnen interessiert bin, kann ich auf eine zugewandte Körperhaltung und einen stabilen Augenkontakt achten. Auch fällt es manchen Menschen zum Beispiel schwerer als anderen, über längere Zeit still zu sein und ihren Gesprächspartnern nicht ins Wort zu fallen. Sie können sich gezielt darum bemühen, zu schweigen und erst zu reagieren, wenn ihr Gegenüber mit dem Sprechen aufgehört hat.

Aufmerksamkeit ist also eine Kompetenz mit klaren Kriterien, die wir sowohl an uns selbst als auch an anderen feststellen können.

Ob jemand wirklich an mir interessiert ist, lässt sich überprüfen.

55. Selbstironie demonstrieren

Humor ist zugleich ein starkes Binde- und ein effizientes Lösungsmittel. Er kann Menschen über Sympathie anziehen und festgefahrene Gesprächssituationen auflösen.

Dieselbe Kraft, die der Humor im Dialog mit anderen hat, besitzt er auch in der Auseinandersetzung mit sich selbst. Manche verwenden besonders im Berufsleben viel Energie darauf, souverän zu wirken und Stärke zu demonstrieren. Bloß keine Schwäche zeigen im Team, bloß keine menschliche Regung in der Führung!

Ein Trugschluss, wie es viele in der Kommunikation gibt. Oft werden sie von fehlinterpretierten Studien befördert, die einen Wirkfaktor isoliert betrachten, der im wahren Leben nie isoliert vorkommt. Dialoge sind komplexe Situationen, die sich nicht leicht herunterbrechen lassen.

Wie wir auf den anderen wirken, hängt eben nicht nur von uns selbst ab, sondern in hohem Maße auch vom anderen. Der eine mag auf Demonstrationen von Stärke in der Führung anspringen, die andere mögen sie irritieren oder sogar abstoßen.

Humor ist nicht universell; auch er kann trennen und verletzen, wenn er auf Kosten anderer funktioniert. Doch richtig angewandt, kann er ein hervorragender Eisbrecher sein. Besonders eine Form des Humors stößt bei den meisten Menschen auf Sympathie: Selbstironie. Der Körperspracheexperte Stefan Verra sagt: »Bevor du einen Witz über andere machst, mach erst mal drei über dich selbst.« Zu Menschen, die über sich selbst lachen können, fühlen viele sich hingezogen: weil sie Souveränität ausstrahlen. Wer sich auch mal selbst auf die Schippe nehmen kann, hat augenscheinlich keinen Mangel an Selbstvertrauen.

Ein besonders eindrucksvolles Beispiel dafür, wie sympathisch und zugleich souverän Selbstironie wirken kann, ist der Kommunikationsstil des ehemaligen US-Präsidenten Barack Obama. Bei einer jährlichen Abendveranstaltung des Weißen Hauses für Pressekorrespondenten im Jahr 2016 sagte er rückblickend über seine Präsidentschaft: »Vor acht Jahren habe ich gesagt, es sei an der Zeit, den Ton unserer Politik zu ändern. Rückblickend hätte ich präziser sein sollen. Vor acht Jahren war ich ein Mann voller Idealismus und Vitalität. Schauen Sie mich jetzt an: Ich bin grau, vergreist und zähle nur noch die Tage bis zu meinem Ende runter. Hillary [Clinton] hat einmal infrage gestellt, ob ich um drei Uhr morgens auf und bereit für einen Telefonanruf sei. Jetzt bin ich sowieso wach, weil ich auf die Toilette muss.«

Wer lacht, hat verstanden – und deshalb schätzen wir Menschen, die uns zum Lachen bringen können.

Über sich selbst lachen zu können, ist ein Zeichen innerer Klarheit.

56. Metakommunikation etablieren

Hinter dem sperrigen Ausdruck »Metakommunikation« verbirgt sich nichts anderes als die Kommunikation über Kommunikation. Zum ersten Mal wurde die Bezeichnung vom angloamerikanischen Wissenschaftler Gregory Bateson in dem Essay Eine Theorie des Spiels und der Phantasie aus dem Jahr 1954 verwendet.[59] Heute ist er aus der Kommunikationstheorie nicht mehr wegzudenken.

Rechtzeitig etabliert, ist Metakommunikation das Geheimnis eines erfolgreichen Miteinanders. In vielen Beziehungen ist sie stattdessen leider der Anfang vom Ende – weil sie erst stattfindet, wenn es schon zu spät ist. Metakommunikation ist ein bisschen wie der richtige Umgang mit Geld oder gesunde Ernährung: eine Routine, die uns als Kinder niemand beigebracht hat, die aber alles verändern kann, wenn wir uns darauf einlassen.

Laut dem Kommunikationspsychologen Paul Watzlawick hat jede Botschaft eine Inhalts- und eine Beziehungsebene – eine für die Metakommunikation grundlegende Erkenntnis. Denn zu den meisten gravierenderen Störungen kommt es auf der Beziehungsebene, wo sie nur durch Metakommunikation bearbeitet werden können.[60]

Die Vorgehensweise besteht darin, den Fokus des Dialogs vom eigentlichen Thema auf eine höhere Ebene zu verlagern und darüber zu reden, wie man gerade miteinander spricht. Man betrachtet also den aktuellen Dialog oder auch den generellen Umgang miteinander aus der Vogelperspektive. Es geht darum, Muster zu erkennen, die Gespräche misslingen oder gelingen lassen. Deshalb kann die Metakommunikation auch helfen, inhaltlich festgefahrene Missverständnisse aufzulösen und Beziehungen langfristig zu klären.

Laut dem Kommunikationspsychologen Friedemann Schulz von Thun sind für die Metakommunikation folgende Aspekte der Kommunikationsweise jenseits der eigentlichen Inhalte relevant und sollten beim Reden übers Reden thematisiert werden (Terminologie teilweise vereinfacht):[61]

- verständliche Formulierungen (einfache Sprache);
- Struktur (Gliederung der Inhalte);
- Prägnanz (Kürze);
- zusätzliche Stimulanz (anregende Zusätze, die Äußerungen interessant und persönlich machen);
- Konsistenz (Übereinstimmung von verbaler und nonverbaler Kommunikation).

Wie universell diese Methode tatsächlich ist, kann jeder nachvollziehen, der sich schon einmal über unachtsame Äußerungen geärgert hat. Wer zum Beispiel Kinder hat, wird vermutlich immer mal wieder angebrüllt – das liegt in der Natur der Sache, bzw. der Beziehung. Kinder haben noch nicht gelernt, den Umgang mit ihren Emotionen angemessen zu regulieren. Metakommunikation wäre nun zum Beispiel, dem Kind freundlich, aber bestimmt mitzuteilen: »Ich möchte nicht, dass wir in diesem Ton miteinander reden!«[62] Klappt auch wunderbar in Teammeetings und Beziehungsstreitigkeiten …

Das »Wir« hilft in der Metakommunikation generell, einen direkten Vorwurf zu vermeiden, der gleich wieder Emotionen schüren würde. Das kann auch in Diskussionen mit dem Partner nützlich sein – denn auch in sentimentalen Beziehungen entzündet sich Streit am häufigsten an der Art, wie man miteinander redet. Festgefahrene Diskussionen erschöpfen sich irgendwann in einem Austausch von Bezichtigungen – eine Sackgasse, aus der man nur ausbrechen kann, indem man genau das thematisiert. Sogar im Büro sind die meisten Schwierigkeiten unbearbeitete Kommunikationsthemen, denen sich mit einem Gespräch über den Umgang im Team beikommen lässt.

Gespräche formen Beziehungen; wenn man nicht mehr miteinander reden kann, wird alles andere unmöglich.

Kommunikation aber lässt sich fast immer heilen, wenn man sie zum Thema macht.

Metakommunikation ist die ultimative Freundlichkeitsroutine.

57. Störungen freundlich ansprechen

Am schwersten fällt uns Freundlichkeit angesichts von Unfreundlichkeit. Wenn andere sich in einer Weise verhalten, die starke Emotionen oder Widerstände in uns auslöst, fällt es uns ungleich schwerer, den Vorsatz der Freundlichkeit einzulösen. Unfreundlichkeit ist ein starker Trigger – warum nicht mit gleicher Münze zurückzahlen, was uns angetan wird?

Zum Beispiel, weil unfreundliches Verhalten in den meisten Fällen gar nicht vorsätzlich geschieht, sondern aus Achtlosigkeit. Die Kollegin, die zu laut telefoniert, tut das vermutlich aus Gewohnheit, oder weil man sie am anderen Ende schlecht versteht. Die Kinder in der Bahn toben nicht aus Bösartigkeit quer durch den Waggon, sondern wahrscheinlich aus Langeweile. Selbst der Drängler auf der Autobahn will in aller Regel nicht provozieren, sondern ankommen – oder sich ein bisschen Aufmerksamkeit verschaffen.

Menschen stören uns aus den unterschiedlichsten Gründen – aber in den seltensten Fällen, weil sie stören wollen.

Deshalb ist es auch kontraproduktiv, Störungen mit offensivem Verhalten zu begegnen. In der Regel gibt es nämlich keine Aggression, die eine Gegenaggression erforderlich machen würde. Wer auf eine Störung mit einer Ansage wie »Sag mal, hast du sie noch alle?« reagiert, darf sich also nicht als Rächer der Benachteiligten fühlen, sondern nimmt vielmehr selbst die Rolle des Aggressors ein. Entsprechend verdutzt fällt zumeist auch die Reaktion aus. Der eigentliche Konflikt wird oft also erst durch die Reaktion auf eine Störung verursacht, nicht durch die Störung selbst.

Das bedeutet im Umkehrschluss, dass bei den meisten Störungen Deeskalation das Mittel der Wahl ist: nicht attackieren, sondern klären. Es geht nicht darum, dem anderen eine Lektion zu erteilen, sondern darum, die Störung möglichst nachhaltig zu beenden. Vorwurfsvoll zu kommunizieren, ist daher eine schlechte Idee. Damit wird der Fokus weg von der eigentlichen Störung und hin zu einem Konflikt verschoben, den man zudem selbst verursacht hat.

Die besten Chancen, dass eine Störung endet und sich nicht wiederholt, liegen darin, dass man sie anspricht – so, dass der andere sie überhaupt als Störung begreift. Die freundliche Art, eine Störung zu beenden, besteht also darin, ihren Verursacher zur Empathie zu befähigen.

Statt eines Vorwurfs gilt es, das eigene Gefühl auszudrücken, das die Situation in einem auslöst – und unbedingt die ursächliche Beobachtung zu kommunizieren. Nicht über Gefühle zu sprechen, gilt leider immer noch manchen als souverän. Doch wenn wir sie kommunizieren, erreichen wir andere einfacher.

Ein Beispiel ist der Nachbar, dessen Musik ich noch zwei Stockwerke tiefer hören kann. Hämmere ich an seine Tür und frage rhetorisch, ob er noch alle Tassen im Schrank hat, werde ich wahrscheinlich keine ernsthafte Antwort auf diese Frage bekommen – mir dafür aber einen Feind im eigenen Haus schaffen.

Freundlich ließe sich die Störung etwa so ansprechen: »Hallo, ich wohne zwei Stockwerke über Ihnen. Die Musik ist laut genug, dass ich sie oben noch höre. Das stört mich um diese Zeit. Ich arbeite Schicht und muss jetzt dringend schlafen. Bitte drehen Sie doch die Lautstärke runter.«

Auf diese Weise wird der laute Nachbar befähigt zu verstehen, warum sein Verhalten ein Problem ist. Nun hat er die Möglichkeit, sich in Zukunft rücksichtsvoller zu verhalten.

Störungen durch andere lassen sich am besten eindämmen, indem man den Verursacher zur Empathie befähigt.

58. Eigene Störungen ankündigen

Wenn die meisten Störungen dadurch entstehen, ohne dass die Verursacherin sich darüber im Klaren ist: Wie kann ich dann selbst verhindern, für andere zum Störenfried zu werden?

Am einfachsten, indem ich das Prinzip Empathie umdrehe und auf mich selbst anwende: Könnte mein Verhalten andere stören – und wenn ja, worin könnte die Lösung liegen?

Ganz einfach: Indem man das potenzielle Problem einfach vorwegnimmt, indem man es proaktiv kommuniziert. Eine Störung, die sich durch Empathie abstellen lässt, kann auch durch Empathie verhindert werden. Die meisten potenziellen Störungen werden nämlich gar nicht erst als solche wahrgenommen, wenn im Vorfeld darüber gesprochen worden ist.

Das bedeutet nichts anderes als: Wer Störungen ankündigt, stört nicht.

Als wir in meinem Seminarhaus an der Lichtung in Pegnitz Umbaumaßnahmen durchführen mussten, wussten wir von vornherein: Das könnte zu Unmut bei den Nachbarn führen. Deshalb überreichten wir allen Nachbarn in Hörweite einen Präsentkorb mit passenden Geschenken: Ohropax, ein Entspannungsbad und Schokolade für die Nerven. In der begleitenden Karte stand: Wir müssen umbauen. Wir entschuldigen uns schon im Voraus, denn es wird hin und wieder etwas laut werden. Leider geht es nicht anders. Die gesamten Umbaumaßnahmen hindurch hatten wir mit keiner einzigen Nachbarin Schwierigkeiten – weil alle wussten, wir sind uns der Störung bewusst und verhalten uns verantwortlich.

Eigene Störungen anzukündigen, ist freundlich, weil es andere zu der Empathie befähigt, die wir uns selbst im Fall einer Störung wünschen. Es zeigt den Menschen: Ich sehe euch, und ihr seid mir nicht egal. Ein solches Verhalten sendet eine Botschaft des gegenseitigen Respekts – und von dem können wir nie genug bekommen.

Eigene Störungen anzukündigen, kann nicht nur die Situation retten, sondern auch die Beziehung verbessern.

59. Begegnen statt abonnieren

Netzwerken ist in vielen Berufen heute eine Schlüsselkompetenz. Leider hat dieser inzwischen zur Routine gewordene Trend nicht dazu geführt, dass wir alle bessere Netzwerkende geworden sind. Vielmehr lagern wir die wichtige soziale Fähigkeit der Beziehungspflege immer weiter ins Digitale aus. Wir haben doch keine Zeit! Erstkontakt, Kontaktanfrage bei LinkedIn oder Instagram, vielleicht noch eine kurze (im schlimmsten Fall als Template vorprogrammierte) Nachricht nach der Vorstellungsrunde am Messestand, um den Anschein von Individualität zu erwecken – und das war's dann.

Früher hießen solche Kontakte im Beamtendeutsch »Karteileichen«. Heute sind sie normal: »tote« Kontakte, mit denen wir oft nur noch faul per »Like« interagieren – oder gar nicht mehr. Was suggeriere ich diesem sogenannten Kontakt damit? Nicht du zählst, sondern die Reichweite, auf die du einzahlst. Solange man sie nicht gezielt für individualisierte, zwischenmenschliche Kommunikation nutzt, sind soziale Netzwerke nichts anderes als Multiplikatoren-Inkubatoren. Ich kann mich noch an die Zeit erinnern, als die düstere Vision der Matrix uns erschreckt hat …

Mit Netzwerken im ursprünglichen Sinne hat die digitale Kontaktpflege nichts mehr zu tun – solange wir sie nicht gezielt rehumanisieren. Beim Netzwerken geht es um Beziehungspflege, und die setzt Kommunikation voraus. Ein Like ist noch keine Kommunikation; es ist nur ein Präsenz-Signal. Als würde ich einen Raum betreten, um gesehen zu werden, mich kurz umschauen und wortlos wieder gehen. Netzwerken wird es erst, wenn eine Begegnung stattfindet.

Gute Netzwerkpraxis ist eine, die eine gelingende Beziehungspflege ins Zentrum stellt – und Beziehungen werden durch Kommunikation geformt. Gelingende Kommunikation wiederum ist respektvolle Kommunikation – insbesondere dann, wenn sie nachhaltig wirksam sein soll. Viele Absender im Bereich der Netzwerkkompetenz legen den Fokus heute auf andere Aspekte: möglichst viele Kontakte möglichst effizient pflegen und damit möglichst hohe Conversion erzielen – was auch immer das im jeweiligen Business konkret bedeutet. Mit anderen Worten: maximale Ausbeute bei minimalem Aufwand. Überträgt man diese Formel auf Kommunikation und Beziehungspflege, wird sehr schnell deutlich: Da passt etwas nicht zusammen. So mag man kurzfristig Reichweite aufbauen können; belastbare Beziehungen eher nicht.

Der Wunsch ist nachvollziehbar: Wir haben alle zu wenig Zeit – und genau die braucht gelingende Kommunikation nun einmal. Doch die bemisst sich nicht an der Häufigkeit, sondern an der Qualität dessen, was gesagt wird. Ein einziger, erinnerungswerter Touchpoint kann mehr für eine Beziehung tun als jahrelanger Small Talk nach Schema F – und ganz bestimmt mehr als tägliche Likes. Aktive Zuwendung, Wertschätzung und Empathie erzeugen mehr Nähe als Kontaktfrequenz und Klickrate. Wertvoll ist ein Kontakt, der uns berührt, bewegt und beflügelt. Diese Qualität lässt sich nicht mit der Stoppuhr messen.

Was aber macht gelingende Netzwerkkommunikation aus? Die Grundpfeiler der professionellen Beziehungspflege sind dieselben wie die einer respektvollen Kommunikation in jedem Kontext: Augenhöhe, aufrichtiges Interesse und die Fähigkeit zum Perspektivenwechsel.

Gute Netzwerkerinnen schaffen echte Begegnungen – und nutzen sie für freundliche Interaktion.

60. Distanz zulassen – Nähe zulassen

Manchmal wundern wir uns darüber, warum andere uns als unfreundlich empfinden oder warum wir selbst mit dem Verhalten einer Person hadern, obwohl sie uns nichts getan hat. Viele dieser Situationen, in denen wir im Alltag auf Irritationen oder Widerstände stoßen, lassen sich auf unterschiedliche Erwartungshaltungen an ein Gespräch oder an die Beziehung zurückführen.

Wenn Menschen zueinander in Beziehung stehen, bewegen sich all ihre Handlungen und Äußerungen innerhalb dieser Beziehung auf einer Skala zwischen Unabhängigkeit und Nähe. Je bedeutsamer die Beziehung in unserem Leben ist, desto mehr folgen wir diesem Muster, und desto stärker wirkt sich die Tatsache aus, auf welchen Pol auf dieser Skala wir gerade bewusst oder unbewusst zustreben.

Dieser Balanceakt zwischen Unabhängigkeit und Nähe, der jede Beziehung charakterisiert, hat eine bestimmte Beziehungsdynamik. Je nachdem, in welche Richtung die eine Akteurin der Beziehung sich gerade bewegt, wird der andere Akteur sich mit seinem Verhalten ausrichten und umgekehrt. Anhand dieser Dynamik können die meisten Handlungen erklärt werden, die innerhalb einer Beziehung stattfinden – ganz gleich, um welche Art von Beziehung es sich handelt.

Will etwa die Mutter sich um ihren erkrankten erwachsenen Sohn kümmern und kommt unangekündigt mit Hühnersuppe vorbei, mag ihre Schwiegertochter das als Vorwurf empfinden, sie könne sich nicht allein um ihren Mann kümmern. Gemeint war der Besuch möglicherweise ganz im Gegenteil als Entlastungsmaßnahme. Die eine sucht Nähe, die andere Distanz, und beide fühlen einander missverstanden.

Gleichwohl gilt es zu beachten: In jedem Verbundenheitsmanöver steckt immer ein Kontroll- und Machtmanöver. Deshalb können Verhaltensweise oder Aussagen, die gar nicht unfreundlich gemeint sind, auf den anderen unfreundlich wirken, wenn der gerade auf Unabhängigkeit bedacht ist. Ich nenne das gern das »Verfolger-Distanzierer-Syndrom«: Je mehr der Verfolger verfolgt, desto mehr distanziert sich der Distanzierer. Je mehr die Schwiegermutter sich einmischt, desto öfter weist die Schwiegertochter sie ab.

Sich dieser Polarität und dieser Beziehungsdynamik bewusst zu sein, kann beiden Seiten einer Beziehung helfen, einander besser zu verstehen. So fällt es uns leichter, mehr von dem zuzulassen, was die andere Person sich gerade wünscht: größerer Abstand oder größere Nähe, mehr Kontakt oder weniger Begegnung, ausgeprägtere Unabhängigkeit oder intensiveres Miteinander.

Spürt die andere Person, dass wir bemüht sind, ihr Streben auf dieser Skala zu respektieren, kann das die Beziehung in herausfordernden Phasen auf eine ganz neue Stufe heben, weil es von großem Respekt gegenüber den Bedürfnissen der anderen zeigt.

»Liebe ist die Distanz zu ihr, um ihr nahe zu sein – und die Nähe zu mir selbst, um diese Distanz halten zu können.« Diesen Satz, den ich einmal in einer Radiosendung gehört habe, begleitet mich schon viele Jahre lang – weil ich glaube, dass er vieles von dem erklären kann, was uns an anderen manchmal unerklärlich scheint.

Distanz- und Nähestreben zulassen zu können, ist eine vertrauensbildende Maßnahme von großer Kraft.

61. Verständnis statt Strafe

Eine meiner intensivsten Kindheitserinnerungen ist eine Geschichte von Güte.

Als ich etwa neun Jahre alt war, zog ich mit meinem Cousin spielend durch die Natur um meinen Heimatort herum. Wir trugen an diesem Tag einen Wettbewerb aus: Wer kann einen Stein am höchsten werfen? Wir waren so in unseren Wettbewerb vertieft, dass uns kaum auffiel, dass wir inzwischen im Ort angekommen waren. Zum hundertsten Mal an diesem Tag warf ich einen Stein nach oben, so weit ich konnte. Doch statt des dumpfen Geräuschs, den ein Stein macht, wenn er auf die Erde fällt, hörten wir einen metallischen Knall.

Der Stein war auf ein Auto gefallen. Das Auto war beschädigt. Und der Besitzer hatte es vom Fenster aus beobachtet und stellte uns zur Rede. Vor Scham, Schuldgefühl und Angst bekam ich keinen Ton heraus. Da er meinen Cousin kannte, dauerte es aber nicht lange, bis er alle notwendigen Informationen eingeholt hatte. So kam es, dass meine Eltern bereits Bescheid wussten, als ich zu Hause ankam – zu einem reumütigen Geständnis kam ich also nicht.

Für mich war dieser Vorfall besonders schlimm. Der Heimweg hatte sich angefühlt wie Cersei Lennister bei ihrem »Marsch der Schande« in Game Of Thrones: als stünden sämtliche Nachbarn am Wegesrand, bedächten mich mit verachtenden Blicken und bewürfen mich mit Müll. Und am anderen Ende wartete die schlimmste Strafe von allen: die Enttäuschung meiner Eltern und welche Strafe auch immer auf fahrlässige Beschädigung des Eigentums Fremder durch Siebenjährige stand.

Was bei meiner Ankunft zu Hause dann tatsächlich geschah, erfüllt mich bis heute mit Respekt vor meinen Eltern. Nicht mit Wut, Enttäuschung und Vorwürfen empfingen sie mich – sondern mit ausgesprochener Freundlichkeit. Nicht ein einziges böses Wort fiel an diesem Tag. Stattdessen gab es Trost, Zuspruch und Nähe.

Meine Eltern mussten vorausgesehen habe, wie unsagbar schlecht ich mich fühlte – und verzichteten darauf, diese

Gefühle noch zu verstärken. Bis die Angelegenheit beigelegt war, wahrten sie mir gegenüber die Fassung – obwohl sie den Ärger des Geschädigten aushalten und den Schaden regulieren mussten, was sicher nicht günstig war.

Ich bewundere meine Eltern für die Weisheit, die sie an diesem Tag bewiesen haben. Ihr Verhalten hat mir Jahrzehnte später als Leitstern gedient, als ich selbst Vater wurde. Denn es hat mich mehr als jede andere Erfahrung aus meiner Kindheit einen verantwortungsvollen Umgang mit Macht gelehrt. Menschen, die Macht haben und dann auch noch freundlich sind, wirken ungeheuer charismatisch.

Klug sind sie noch dazu. Denn wozu führt es, wenn wir Menschen für ein Versehen, ein Fehlverhalten, eine unbeabsichtigte Dummheit mit Vorwürfen überziehen und bestrafen – ganz besonders Kinder, aber auch Menschen in untergeordneter Position innerhalb anderer Machtstrukturen? Es führt mit großer Wahrscheinlichkeit dazu, dass sie sich beim nächsten Mal aus Angst oder Berechnung in die Unehrlichkeit flüchten und den Fehler für sich behalten.

Freundlichkeit in einer solchen Situation hingegen fördert Ehrlichkeit. Und die ist nötig, um vernünftig über das Geschehene sprechen und die nötigen Lehren daraus ziehen zu können. Wenn wir Menschen in Momenten der Angst und Sorge unfreundlich begegnen, verschließen sie sich und werden sich uns auch in Zukunft nicht mehr öffnen wollen. Freundlichkeit macht schwierige Situationen rhetorisch zugänglich. Sie vermag die Unsicherheit zu durchbrechen.

Wer sich verständnisvoll zeigt, darf mit Ehrlichkeit rechnen – und zwar nicht nur von reuigen Siebenjährigen.

Freundlichkeit ermöglicht Gespräche, wo sonst Schweigen wäre.

62. Wegschauen können

Wenn Menschen sich aktiv bemühen, freundlich zu anderen zu sein, machen sie sich viele Gedanken darüber, was sie sagen und wie sie es sagen. Welche Botschaft könnte dieser Person Freude machen? Welche Worte kann ich wählen, um jemandem etwas schonend beizubringen? Wann ist ein guter Zeitpunkt, um dieses Thema anzusprechen?

Eine Möglichkeit, die wir oft gar nicht erst in Erwägung ziehen, ist: einfach mal nicht darüber reden. Dabei gibt es sehr viele Fälle, in denen das die freundlichste Option wäre.

Zum Beispiel kennen alle Eltern das Drama, das sich abspielt, wenn Teenager-Söhne mit dem Rasieren beginnen – zumindest, wenn es die coolere Nassrasur sein soll. Die endet zumindest in den ersten Wochen gern mal mit einem mittleren Gemetzel. Wenn der junge Herr nun eine Zeit lang regelmäßig mit einer Handvoll frischer Schnittwunden am Frühstückstisch sitzt, entscheiden sich die meisten Eltern für eine von vier Möglichkeiten:

- Mitfühlendes Entsetzen: »Um Gottes willen, wie siehst du denn aus? Geht es dir gut?«
- Vorwurfsvolles Entsetzen: »Ach du Schande. Wie hast du das denn angestellt?«
- Ins Lächerliche ziehen: »Ich habe dir doch gesagt, du sollst nicht das Brotmesser nehmen!«
- Indirektes Beschämen: »Mach dir nichts draus, das ging deinem alten Herrn am Anfang genauso. Da muss man durch, wenn man ein echter Mann werden will!«
- Ungefragtes Hilfsangebot: »Das klappt ja überhaupt

noch nicht. Am besten machen wir noch mal einen Anfängerkurs im Rasieren.«

Die freundlichste Variante aus Sicht so ziemlich jedes Teenager-Jungen ziehen die meisten Eltern dagegen erst gar nicht in Erwägung: einfach mal die Klappe halten. Eigentlich könnten wir es besser wissen. Schließlich kennen wir das Problem ja aus eigener Erfahrung und wissen: Mit ein bisschen Übung wird es bald besser klappen. Warum also das empfindsame Heranwachsenden-Ego beschädigen, indem man auf diesem sensiblen Männlichkeitsthema herumhackt, das sich in wenigen Tagen oder Wochen von selbst erledigt haben wird?

So ist es mit vielen Themen: Oft könnten wir Menschen einen großen Gefallen tun, indem wir bewusst wegschauen oder auch weghören: Bitte hilf mir, indem du mich in Ruhe lässt. Wenn jemand mitten im Gespräch versehentlich aufstößt und dann am liebsten im Boden versinken würde, tut man demjenigen keinen Gefallen damit, wenn man die Situation wegzulachen versucht, denn damit lenkt man die Aufmerksamkeit erst richtig auf das Versehen (es sei denn natürlich, derjenige lacht selbst zuerst). Am besten einfach ignorieren und weitersprechen, als wäre nichts gewesen! Wenn der Azubi zum dritten Mal denselben Fehler macht, ihn dann aber selbst korrigiert und das Ergebnis passt: Besser den Erfolg loben als den Wiederholungsfehler betonen, denn die Lektion ist offensichtlich schon angekommen! Wenn die vergessliche, alte Mutter die Namen ihrer Kinder verwechselt: aus Liebe das Ego zurückstellen und darüber hinwegsehen, statt sie zu beschämen.

Wem ein Missgeschick unterläuft, der fühlt sich verletzlich. In solchen Fällen würden wir uns doch wünschen, nicht ertappt zu werden. Das Letzte, was wir in einem solchen Moment brauchen, ist jemand, der uns mit der Nase darauf stößt und die Selbstvorwürfe verstärkt. In solchen Situationen können sogar Trost, Mitgefühl oder Humor fehl am Platz sein. Gut gemeint ist nun einmal nicht immer gut gemacht.

Zugegeben: Den Mund zu halten, wenn man etwas beobachtet, was einem anderen Menschen unangenehm sein könnte, ist eine Form von Freundlichkeit, für die man keine Anerkennung bekommt. Wegschauen können ist vielleicht die altruistischste Form der Freundlichkeit. Doch wenn Freundlichkeit eine Haltung ist, sollte das keine Rolle spielen.

Manchmal ist es freundlicher, etwas nicht anzusprechen.

63. Beziehungen nicht vorschnell aufgeben

In Japan hat Kintsugi eine lange Tradition. Das ist eine kunsthandwerkliche Methode, bei der zerbrochene Keramik wieder zusammengesetzt wird. Wenn zum Beispiel eine schöne Teeschale oder eine Vase kaputtgehen, werden sie mit Kintsugi repariert.

Das Ziel ist dabei aber nicht, dass das liebgewonnene Stück Keramik danach wieder genauso aussieht wie zuvor – ganz im Gegenteil. Stattdessen werden die Bruchstellen kunstvoll inszeniert. Dazu wird in einem aufwendigen und kostspieligen Verfahren die Bruchstelle mit einer auffälligen goldenen Veredelung aus einem Speziallack und Goldstaub gekittet.

Der Bruch, der Schaden, das Kaputte mindert die Schönheit also nicht. Kintsugi trägt vielmehr gezielt dazu bei und verstärkt die Wirkung des vermeintlichen Makels. Durch die Behandlung wird die Geschichte der Schale oder Vase gezielt sichtbar gemacht. Die Ästhetik des Kintsugi feiert nicht die Perfektion, sondern die Einzigartigkeit.

Man stelle sich vor, wir würden dasselbe Prinzip in unseren Beziehungen praktizieren. Nicht wegwerfen, wenn es schwierig wird – sondern reparieren und sich daran erfreuen, dass man den Wachstumsmoment miteinander überstanden hat. Dass man nicht aufgegeben hat. Die Tinder-Kultur kann leicht den Eindruck vermitteln, dass Menschen etwas Austauschbares sind: einmal swipen, und die imperfekte Beziehung weicht neuen Optionen. Als wäre Leben je einfach; als bräuchte Zweisamkeit keine Arbeit; als könnte man Traumpartner klicken. Wer im Zwischenmenschlichen Makellosigkeit sucht, wird auf Dauer nur Einsamkeit bekommen.

Zerschlagenes Porzellan ist nicht verloren, wenn wir es nicht zulassen – auch in der Kommunikation nicht. Wenn wir Gesprächsfrakturen nicht als Fehler betrachten, sondern als natürlichen Teil einer bewegten Beziehung, können sie uns noch fester zusammenschweißen. So kann das, was uns verbindet, noch heller strahlen. Wie viele Ehen, wie viele Freundschaften, wie viele Arbeitsverhältnisse könnte Kommunikations-Kintsugi retten? Ich glaube: die meisten.

Beziehungen, die schwierige Momente überstehen, wachsen daran.

64. Weltsicht vs. Innensicht unterscheiden

Manche Erkenntnisse verändern unsere Wahrnehmung so gravierend, dass sie unser ganzes Leben verändern können. Eine davon ist die Einsicht, dass es einen Unterschied gibt zwischen der Realität in meinem Kopf und der Realität, die andere Menschen wahrnehmen. Es gibt eine ganze Batterie an psychologischen Mechanismen, die dafür sorgen, dass wir die Welt und andere Menschen eben nicht rational und faktenorientiert wahrnehmen, sondern in irgendeiner Weise beeinflusst von unserer inneren Verfassung, unserer aktuellen Situation oder früheren Erfahrungen, die Einfluss auf unsere Wahrnehmungen ausüben. Diese Phänomene können nicht nur dafür sorgen, dass wir einen verfälschten Eindruck bekommen, sondern auch dafür, dass wir aufgrund dieses Eindrucks unfreundlich reagieren.

Wollte man die Diskrepanz zwischen dem, was man selbst wahrnimmt, und dem, was alle anderen in solchen Situationen beobachten, in ein Begriffspaar fassen, könnte man von »Weltsicht« vs. »Innensicht« sprechen. Diese Unterscheidung könnte man gezielt treffen und in Betracht ziehen, wenn sich Widerstände oder negative bewahren und dabei freundlich bleiben.

In manchen Situationen fällt es uns besonders schwer, die Aussagen von Menschen sachlich zu beurteilen und verhältnismäßig darauf zu reagieren. Das kann in der Hitze des Gefechts bei einem Streit mit einem nahestehenden Menschen geschehen oder auch beim Versuch, sich eine Meinung in einer öffentlichen Debatte zu bilden. Besonders im Internet, wo aufgrund der Anonymität der normalerweise vorgeschaltete Affektfilter eines direkten Gegenübers entfällt, entgleisen Diskussionen oder Debatten auf diese Weise schnell und setzen eine Affektspirale in Gang. Unbewusst blenden wir die Weltsicht (man könnte auch sagen: die konsensfähige, neutrale Wahrnehmung eines Ereignisses) zu dem Thema aus und betrachten es aus unserer subjektiv gefärbten Innensicht, die von allen möglichen Wahrnehmungsmustern und Urteilsgewohnheiten getrübt sein kann.

Die Lösung in solchen Situationen ist zweistufig: Zunächst ist es wichtig, die Emotion wahrzunehmen und anzuerkennen, damit man sich im zweiten Schritt von ihr dissoziieren kann. Für diese gezielte Abgrenzung gibt es ein sehr effektives Tool, das mit etwas Übung eine ganz neue Gesprächsqualität ermöglicht. Die sogenannte Lasswell-Formel hilft dabei, Äußerungen anderer auf einer analytischeren Ebene zu betrachten. Lässt man sich auf diese andere Betrachtungsweise ein, kann man emotional schneller abkühlen und die emotionalisierenden Worte aus einer anderen, zweckmäßigen Perspektive betrachten. So wird es auch in aufgeladenen Situationen möglich, zu reflektieren, bevor man (affektiv) reagiert.

Die Lasswell-Formel charakterisiert die Bestandteile des Kommunikationsprozesses und bringt Sender, Nachricht, Medium, Empfänger und Wirkung dadurch in einen logischen Zusammenhang. Sie erleichtert es, Aussagen nachvollziehen zu können, die man sonst nur irrational durch die Brille der eigenen Befindlichkeiten wahrnehmen würde.[63] Die Formel lautet: »Wer sagt was über welchen Kanal zu wem und mit welcher Absicht?«

Analysiert man die Bestandteile einer Aussage anhand dieser Formel, kann man verschiedene Rückschlüsse darüber treffen, warum das Gegenüber sich so äußert. Man kann also, bevor man reagiert, der Weltsicht auf die Schliche kommen, anstatt davon auszugehen, dass ausgerechnet die subjektive, emotionale Innensicht zutreffend sein muss.

Zum Beispiel haben die meisten von uns schon mal von der besseren Hälfte eine Aussage wie die folgende gehört: »Wie wäre es denn, wenn du mal den Staubsauger in die Hand nimmst, anstatt mir vom Sofa aus beim Aufräumen zuzuschauen?«

Betrachten wir diese Äußerung anhand der Lasswell-Formel:

- Wer sagt das? Der Lebenspartner – eine emotionale Beziehung, in der Rationalität tendenziell schwerer fällt als zum Beispiel im Gespräch mit Fremden.
- Was sagt die Person? Nüchtern betrachtet nur, dass man bitte staubsaugen statt auf dem Sofa sitzen möge. Alles andere ist bewertend.
- Zu wem sagt die Person das? Zum Lebenspartner – siehe oben.
- Welche Absicht steckt dahinter? Der Wunsch nach Unterstützung – in einer Beziehung grundsätzlich erst einmal kein verwerfliches Anliegen.

Alles andere, was wir in dieser Äußerung hineinlesen, ist der Innensicht geschuldet – und die wird sich zwischen den beiden Personen in diesem Beispiel massiv unterscheiden. Während der Empfänger sich von der Äußerung vielleicht angegriffen fühlt, fühlt der Absender sich vom Verhalten des anderen provoziert.

Freundlich wäre in diesem Fall, darüber zu sprechen, worum es hier eigentlich geht: Unterstützung bei der Hausarbeit. Das wird erst klappen, wenn man sich erst einmal zu diesem Kern der Aussage vorgearbeitet hat – an der Innensicht vorbei.

Die eigene Innensicht mit der Weltsicht abzugleichen, führt zu einer wohlwollenderen Wahrnehmung in Gesprächen.

65. Aufrichtiges Interesse zeigen

Wie kann man Menschen vermitteln, dass man ihnen freundlich gesinnt ist? Diese Frage kann sich aus verschiedenen Gründen stellen – wenn man jemandem näherkommen möchte, wenn man gemeinsame Ziele hat oder sich in einem Boot wiederfindet, wenn man Informationen von oder über diese Person braucht oder man irgendeine Form von Kooperation bezweckt. In all diesen Fällen möchten wir mit unserem Gegenüber eine vertrauensvolle Beziehung aufbauen.

So baut zum Beispiel die Methode des High Probability Selling auf genau dieser Überlegung auf. Sie setzt im Gegensatz zu weniger freundlichen Verkaufsstrategien voraus, dass man ausschließlich mit Menschen Geschäfte macht, denen man vertraut und die man respektiert – und zwar beiderseitig. Fehlt dieses Vertrauen, begegnen sich die Teilnehmer der Transaktion nicht auf Augenhöhe, sodass keine belastbare Kooperation entstehen kann.

Das High Probability Selling folgt deshalb einem mehrstufigen Prozess, dessen erster Schritt der Aufbau einer vertrauensvollen Beziehung ist. Dabei demonstriert die Verkäuferin dem Kunden aktiv aufrichtiges Interesse an seiner Person, um Vertrauen aufzubauen. Dazu stellt sie Fragen, die erkennen lassen, ob eine gemeinsame Schnittmenge vorhanden und eine tragfähige Beziehung überhaupt möglich ist.

Der entscheidende Punkt hierbei ist die Art von Fragen, die bei dieser Beziehungsanbahnung gestellt werden: offene Fragen, die das Gegenüber dazu animieren, zu erzählen und etwas von sich preiszugeben – wenn es denn Interesse daran hat. Geeignete Fragen sind zum Beispiel:

- Warum? (»Warum haben Sie von Ihrem letzten Arbeitgeber in diese Firma gewechselt?«)
- Was haben Sie getan? (»Unten in der Lobby ist eine alte Drehbank ausgestellt. Haben Sie selbst noch mit solchen Maschinen gearbeitet, als Sie in dieser Firma angefangen haben?«)
- Wie sind Sie damit umgegangen? (»War das schwer für Sie, für die Firma von Karlsruhe nach Ismaning zu ziehen?«)
- Was hat Sie dazu gebracht? (»Wie sind Sie zum Maschinenbau gekommen?«)

Diese Fragen verfolgen das Ziel, das Gegenüber möglichst gut kennenzulernen, also: den Menschen zu erkennen, mit dem ich Geschäfte machen möchte. Der Nebeneffekt ist, dass auch der Befragte an diesen Fragen ablesen kann: Diese Person will nicht nur schnell einen Deal abschließen, sondern ist tatsächlich an mir als Mensch und meinen Erfahrungen interessiert. Es besteht ein Interesse, das über die einzelne Transaktion hinausgeht und auf eine längerfristige Kooperation hinauslaufen kann – eine Beziehung in beiderseitigem Interesse.

Auf diese Weise entsteht beim High Probability Selling Vertrauen – eine Vorgehensweise, die sich auf jede Form von Beziehung übertragen lässt. Auch bei einem Date, als neuer

Kollege im Team oder bei der Begegnung mit anderen Kulturen sendet aufrichtiges Interesse ein Signal der Annäherung. Da Menschen, wenn sie sich beachtet und verstanden fühlen, in der Regel auch im Gegenzug ein Interesse an Nähe entwickeln, werden sie mit Gegenfragen reagieren. Auf dieser Basis kann sich ein Dialog auf Augenhöhe entwickeln. Sich in dieser Weise für einen Menschen und seine Geschichte zu öffnen, ist eine Form der Wertschätzung und der Anfang jeder vertrauensvollen Beziehung.

Aufrichtiges Interesse in Form offener Fragen lässt andere darauf schließen, dass wir ihnen freundlich gesinnt sind.

66. Den ersten Schritt machen

Vieles im Leben bleibt uns verwehrt, weil wir den ersten Schritt nicht machen. Ängste, Unsicherheiten und innere Widerstände halten uns von vielen Erfahrungen ab, die unsere Persönlichkeit und unsere Lebensumstände enorm bereichern könnten: neue Erfahrungen, Erweckungsmomente, Abenteuer.

Einen interessanten Menschen ansprechen, nach einer Gehaltserhöhung fragen, Kontakt zu einem Vorbild aufnehmen, jemandem seine Liebe gestehen oder eine gemeinsame Unternehmung auf den Weg bringen: Immer, wenn es im Leben wirklich um etwas geht, fällt der erste Schritt uns besonders schwer. Manchmal so schwer, dass das ganze Vorhaben nur daran scheitert, dass wir uns nicht überwinden können.

An erster Stelle unter den verpassten Erfahrungen stehen die Begegnungen mit neuen Menschen, die uns entgehen, weil wir uns nicht trauen, auf sie zuzugehen. In der Regel sind es Vorurteile, Klischees oder auch Fehlinformationen, die uns davon abhalten – sogar dann noch, wenn die Neugier groß ist.

Fatal ist das besonders dann, wenn es der anderen Seite genauso geht und gegenseitige Befürchtungen oder Ressentiments eine Begegnung verhindern. Sehr häufig hält uns die Unterstellung von Gleichgültigkeit, Unfreundlichkeit oder gar Feindseligkeit zurück, den ersten Schritt zu machen – und die Angst vor der Enttäuschung über die Zurückweisung, die damit einhergeht. Die Angst vor dem ersten Schritt, sie entspringt sehr häufig dem Selbstschutz.

Das einzige Mittel gegen diese allzu menschliche, wenn auch in aller Regel überflüssige Hemmung ist ein Freundlichkeitsvorschuss aus eigener Initiative: Eine Begegnung kann es nur dort geben, wo einer auf den anderen zugeht.

Das gilt ganz besonders dann, wenn zwei Menschen nicht von mehr oder weniger fiktiven Befürchtungen auseinandergehalten werden, sondern von einer realen, gemeinsamen Vorgeschichte. Von all den bedeutsamen Erfahrungen, die am ersten Schritt scheitern, ist die Versöhnung die folgenreichste.

Schon als junger Mensch in der Altenpflege habe ich erfahren, wie sehr Menschen unter zerrütteten Beziehungen leiden – und wie die Annäherung mit jedem Tag schwieriger wird, der vergeht. Nie werde ich vergessen, wie an einem Weihnachtstag einer meiner Bewohner zugleich strahlend und tränenüberströmt auf mich zukam. Nach jahrzehntelanger Funkstille hatte sein Sohn, mit dem er sich vor langer Zeit zerstritten hatte, den ersten Schritt gemacht und ihn angerufen. Er hatte nicht mehr damit gerechnet, diesen Tag noch zu erleben. Nun konnte er sein Glück kaum fassen.

Der erste Schritt auf einen Menschen zu kann unser

Leben verändern – und in derselben Weise auch das Leben eines anderen. Das ist die andere Seite der Geschichte, die wir oft vergessen, wenn wir in Befürchtungen und Zweifeln verharren. Den Ärger über eine missglückte Begegnung können wir überwinden, die Trauer über eine verpasste Gelegenheit vielleicht nie.

Unter den vielen Gründen, den ersten Schritt nicht zu machen, ist kaum ein guter.

67. In die fremde Komfortzone gehen

Menschen, die keine neuen Erfahrungen machen, stagnieren – und Menschen, die stagnieren, werden stur. Davon können wir uns in den sozialen Medien überzeugen: Die stärksten Meinungen vertreten oft diejenigen, die etwas als alternativlos zu bewahren versuchen, weil sie gar keine Alternative kennen. So ist statistisch betrachtet die Überfremdungsangst ausgerechnet in den Bundesländern am höchsten, in denen es am wenigsten Ausländer gibt. Das war auch schon vor der vermehrten Aufnahme von Flüchtlingen seit Angela Merkels Grundsatzentscheidung von 2015 so.[64]

»Die gefährlichste Weltanschauung ist die Weltanschauung derer, die die Welt nie angeschaut haben«, ist ein Zitat, das häufig dem Humanisten und Weltreisenden Alexander von Humboldt zugeschrieben wird. Unabhängig davon, wer es tatsächlich geprägt hat: Die globalisierte Welt gibt dem Urheber recht. Je offener die Grenzen, desto unfreundlicher, lauter und aggressiver werden die, die keinen Gebrauch von all den Freiheiten machen.

So kontraintuitiv diese Diagnose scheint: Ein gewisser Bewahrungs- und Umhegungsdrang scheint zur menschlichen Natur zu gehören. In unruhigen Zeiten kann die Balance zwischen Sicherheit und Freiheit zu seinen Gunsten ausschlagen, wenn wir nicht achtsam sind. Unsere Eltern und Großeltern haben es erlebt – und wir haben keine Ausreden, wenn es wieder geschieht. Wo warst du, als die Demokratie sich von innen zersetzt hat? Diese Frage möchte ich meinen Kindern nicht beantworten müssen.

Der innere Zaun stammt aus Zeiten, in denen alles Fremde potenziell gefährlich war, weil (fress-)feindlich eingestellt. Das waren die Zeiten, in denen niemand weiter reisen konnte als bis zum nächsten Bergkamm oder Binnengewässer – und selbst damals schon gab es die, die es trotzdem taten. Es waren die Zeiten, in denen es keine internationalen Abkommen und keinen Austausch über Sprache gab. Jene Zeiten, in denen es lebensgefährlich sein konnte, die eigene Komfortzone zu verlassen. Und doch: Die Dialektik von Forschungs- und Bewahrungsdrang hat unsere Spezies schon damals gekennzeichnet.

Wir leben aber in Zeiten, in denen sich Komfortzonen genauso überlappen wie kulturelle Räume. Niemand muss sich heute hinter vermeintlichen Sicherheiten verbarrikadieren; wir alle haben weitgehend risikofrei die Möglichkeit, zu erkunden, was außerhalb des Bekannten liegt.

Auch an dieser Stelle zeigt sich wieder, dass Freundlichkeit nicht nur wünschenswert ist, sondern auch klug. Wer soziale Beziehungen pflegt, lebt nicht nur länger, sondern auch glücklicher. Eine amerikanische Forschergruppe fand Hinweise darauf, dass dabei auch die Verschiedenheit der Kontakte eine Rolle spielt.[65] Wenn wir uns im Alltag mit unterschiedlichen Menschen unterhalten, haben wir also nicht nur die Chance auf interessante Geschichten und neue

Perspektiven, sondern steigern gleichzeitig unser Wohlbefinden.

Abgesehen davon, dass wir persönlich davon profitieren, ist die Bereitschaft zur Begegnung auch Teil eines demokratischen Selbstverständnisses. Denn was ist Demokratie, wenn nicht das Erkunden, Debattieren und Ausbalancieren von unterschiedlichen Identitäten und Interessen? Wer sich dem bewusst verweigert und alles ihm Unbekannte pauschal ausgrenzen will, um die eigene Komfortzone auf die gesamte Gesellschaft auszudehnen, ist eine Gefahr für die Stabilität der freien Welt. Ignoranz ist unfreundlich in einem ganz grundlegenden Sinne des Wortes: Ignorante Menschen entscheiden sich gegen das Prinzip »Freund« und für das, was ihm entgegensteht.

Wenn die Interessen (oder vielmehr Desinteressen) diskriminierender Gruppen in Filterblasen und öffentlichen Debatten aufgrund der fatalen Wirkungsweise von Algorithmen überproportional vertreten sind und eine Minderheit gezielt Ängste schürt, ist das dramatisch für die Gesellschaft, die sich daraufhin rückwärts entwickelt. Es ist aber auch bedauerlich aus Sicht des Einzelnen. Denn es ist so einfach, Ignoranz abzubauen. Ein kleiner Schritt kann buchstäblich Welten zusammenführen. Alles, was es braucht, ist eine einzige gerichtete Bewegung in die Komfortzone eines anderen hinein.

Dafür muss man die eigene noch nicht einmal verlassen. Menschen, die manch einer für Fremde halten mag, schreiben Bücher, halten Vorträge und gehen in Schulen, damit man sie besser verstehen kann: Sie kommen uns entgegen, obwohl sie angefeindet werden. Sie forschen zu Themenfeldern wie Migration und Interkulturalität. Sie eröffnen Cafés und Restaurants, in denen jeder willkommen ist – obwohl sie sich selbst nicht in manche Eckkneipe trauen. Sie holen ihre Kinder von derselben Schule ab. Sie erlernen unsere Sprache, damit wir miteinander reden können. Sie machen Kunst, damit wir in ihre Seele blicken können. Sie singen für uns. Sie laden uns ein.

Viele der sogenannten Fremden in unserer komfortablen, demokratischen Lebenszone tun alles, was nötig ist, damit wir unsere persönliche Komfortzone nicht verlassen müssen, um mit ihnen in den Austausch zu treten. Was hält manche von uns ab von diesem einen Schritt auf das vermeintlich Fremde zu, das keinerlei Bedrohung für uns darstellt, aber so viel zu geben hat?

Ein freundliches Wort, und die Grenze fällt. Ein freundliches Wort, um Angst in Freundschaft zu verwandeln. Ein freundliches Wort, um zu lernen und zu wachsen. Ein freundliches Wort, um nicht mehr hassen zu müssen. Ein freundliches Wort. Warum nicht?

Wer den Schritt in eine fremde Komfortzone wagt, erweitert seine eigene.

68. Menschen einladen statt ausgrenzen

»Es ist hier {…} nicht von Philanthropie, sondern vom Recht die Rede, und da bedeutet Hospitalität (Wirtbarkeit) das Recht des Fremdlings, seiner Ankunft auf dem Boden eines anderen, von diesem nicht feindselig behandelt zu werden. Dieser kann ihn abweisen, wenn es ohne seinen Untergang geschehen kann; solange er aber auf seinem Platz sich friedlich verhält, ihm nicht feindlich begegnen.«[66]

In diesen nach heutigen Maßstäben zugegebenermaßen reichlich verklausulierten Worten aus seiner Schrift Zum ewigen Frieden[67] formulierte der Philosoph Immanuel Kant 1795 ein Prinzip, das für die aufgeklärte Welt nicht folgenreicher sein könnte: ein Weltbürgerrecht. Heute, in einer globalisierten Welt der kurzen Wege, aber leider wieder wachsenden Mauern in den Köpfen, könnte es zeitgemäßer kaum sein. Es gesteht jedem Menschen zu, auf fremdem Boden friedlich und gastfreundlich behandelt zu werden – unabhängig von Hautfarbe, Religion und Rang.

Eine Art Besuchsrecht für jedermann? So hat es Kant, der selbst seine Heimatstadt Königsberg zeitlebens nicht verlassen hat, erträumt und gefordert. Er formulierte es als Anspruchsrecht, »welches allen Menschen zusteht, sich zur Gesellschaft anzubieten, vermöge des Rechts des gemeinschaftlichen Besitzes der Oberfläche der Erde, auf der, als Kugelfläche, sie sich nicht ins Unendliche zerstreuen können, sondern endlich sich doch nebeneinander dulden müssen, ursprünglich aber niemand an einem Ort der Erde zu sein, mehr Recht hat, als der andere.«[68]

Die Welt als nachbarschaftlicher Ort, an dem wir alle miteinander auskommen müssen: Das ist eine Definition von Interkulturalität, die angesichts schwindender Ressourcen weitaus glaubwürdiger ist als die weltfremden, nicht nachhaltigen Abgrenzungsfantasien, mit denen eine wachsende Zahl von politischen Akteuren aus dem extremeren Spektrum heute wieder auf Stimmenfang geht.

Kants Weltbürgerrecht ist ein Bekenntnis zu den Werten der Aufklärung und ein Ausdruck des horizontalen Respekts: der Überzeugung, dass alle Menschen im Grunde gleich sind. Wer sogenannte Fremde kategorisch ausgrenzt, wird sich davon nie überzeugen können – und genau deshalb bei seiner Verweigerung bleiben. Nur wer Menschen einlädt, sei es in den Dialog oder zum Essen, kann und wird den Freund im Fremden erkennen. Denn Weltbürger sind wir alle – ob wir das nun anerkennen oder nicht.

Wer Fremde nicht einlädt, wird nie erfahren, wie fremd sie wirklich sind.

69. Zusammen essen

Nächstenliebe geht durch den Magen. Das merkt man schon daran, dass sich noch die engstirnigsten Sturköpfe kein Leben ohne Pizza, Gyros oder Frühlingsrollen vorstellen können. Wenn es ums Essen geht, sind wir zu bemerkenswerter Kulturtoleranz fähig: Was schmeckt und uns nährt, scheidet offenbar als kulturelles Bedrohungspotenzial aus und wird bereitwillig eingemeindet. Auf das wichtigste aller Grundbedürfnisse und zentralste aller Kulturmerkmale, die Nahrungsaufnahme, scheinen sich Überfremdungsängste nicht zu erstrecken.

Von allen Kulturtechniken ist das Essen die universellste – und die mit der niedrigsten Zugangsschwelle. Essen geht, wenn es darauf ankommt, sogar ohne Reden. Ob es im Urlaub auf Mallorca, in einem Diner an der Route66 oder in einer Garküche in den Straßenschluchten von Hongkong ist: Über eine Mahlzeit kann man sich Menschen und Kulturen gleichermaßen annähern, ohne dafür besondere Kompetenzen zu erlernen. Es ist eine Art Differenzkatalysator für jedermann.

Der 2018 verstorbene Koch, Autor und TV-Star Anthony Bourdain hatte sein Lebenswerk dem Essen als Kulturtechnik gewidmet. Mit seiner hochpersönlichen, bewusst subjektiv erzählenden Doku-Reihe Parts Unknown und seinen Büchern stand er für die universelle Sprache der Kulinarik wie kein Zweiter.

Bourdain hat, so wurde es nach seinem Tod in vielen Nachrufen kolportiert, die Welt durch seinen Magen erkundet – und sie Millionen von Menschen auf genau diese Weise nähergebracht. Er hat uns Seiten von Ländern und ihren Bewohnern gezeigt, die sich nur durch die Linse der Kulinarik entdecken lassen. Bourdain war ein Humanist und Entdecker der besonderen Art; sein früher Tod wurde auf der ganzen Welt betrauert.

Wie Menschen über den Tod denken, sagt viel über ihre Lebenseinstellung aus. Anthony Bourdain hatte eine klare Haltung: »Wenn ich mitten beim Essen irgendwo sterben müsste, dann wäre das in Tokio«, sagte er 2015 in einem Interview mit National Geographic.

Eine besondere Vorliebe hatte der Wahl-New-Yorker für die Hawker Stalls, die kleinen Streetfood-Stände, die kennzeichnend für die Alltagsesskultur in asiatischen Metropolen wie Singapur und Hongkong sind. Seine Begründung für diese Vorliebe war keineswegs rein kulinarischer Natur, sondern hatte viel mit dem Faktor der nachbarschaftlichen Begegnung zu tun: »Hawker und Street-Food-Leute vergiften ihre Nachbarn für gewöhnlich nicht. Ist ein schlechtes Geschäftsmodell.« Könnte man treffender beschreiben, warum Essen verbindet?

Nachbarn vergiften einander für gewöhnlich nicht: Das

ist mehr als eine kontextualisierte Beobachtung, es ist eine Lebensweisheit. Essen ist der kleinste gemeinsame Nenner aller Menschen auf diesem Planeten. Deshalb ist es auch die bevorzugte Bühne unserer sozialen Begegnungen.

Wer andere zum Essen einlädt, spricht damit mehr aus als einen Terminvorschlag, nämlich eine Erklärung der Nächstenliebe und des Wunsches zur Annäherung. Wem ich Essen gebe, dem will ich etwas Gutes tun: Wir füttern Menschen, denen wir nahe sein wollen. Sich als Ernährer zu zeigen, heißt, Verantwortung für die Gemeinschaft zu übernehmen, die sich am Tisch begegnet; es ist ein Bekenntnis der Zugehörigkeit.

Hinzu kommt, dass ein Grundbedürfnis wie Essen mit der Wucht seiner sozialen Bedeutung viele flüchtige Befindlichkeiten relativiert: Es ist praktisch unmöglich, eine gemeinsame Mahlzeit lang wütend aufeinander zu sein. Essen stimmt uns freundlich. Solange wir uns noch an denselben Tisch setzen, besteht Hoffnung. Das gilt für den Küchentisch, das gilt für die Welt.

Beim Essen sind alle Menschen gleich.

70. Danke sagen in fremden Sprachen

»Danke« ist das wohl freundlichste Wort überhaupt – der Inbegriff der Höflichkeit. Vor allem aber ist es ein äußerst nützliches Wort, weil wir es jeden Tag vielfach gebrauchen oder mindestens gebrauchen sollten. Wir verwenden es an der Supermarktkasse, im Teammeeting und an der Haustür, die der nette Nachbar freundlicherweise aufhält – und zwar ganz egal, wo auf der Welt wir uns gerade aufhalten. »Danke« ist einer der wenigen, wirklich universellen kulturellen Codes; von Alaska über Köln bis Zimbabwe wird es überall als freundliches Signal verstanden.

Deshalb ist es gerade auf Reisen äußerst nützlich, in der Landessprache Danke sagen zu können. Je mehr wir von einer Sprache beherrschen, desto besser ist es natürlich für die Verständigung. Doch »danke« ist immer ein guter Anfang. Denn auf diese Weise senden wir in doppelter Hinsicht eine Botschaft des Wohlwollens aus: Wir sagen etwas Nettes, und wir demonstrieren dabei erkennbar den Willen, uns zu integrieren. In den meisten Kulturen reicht das bereits vollkommen aus, um die Gastgeber freundlich zu stimmen: Völkerverständigung in einem Wort.

Hier eine kleine Starthilfe:
Afrikaans: Dankie
Burmesisch: Chezu ba
Cebuano: Salamat
Dänisch: Tak
Estnisch: Aitäh
Färöisch: Takk fyri
Galizisch: Grazas
Hawaiisch: Mahalo
Indonesisch: Terima kasih
Javanisch: Matur nuwun
Koreanisch: Gamsahabnida
Lettisch: Paldies
Maori: Mauruuru
Navajo: Ahéhee
Ojibwe: Miigwetch
Portugiesisch: Obrigado
Rumänisch: Mulţumesc
Swahili: Asante

Türkisch: Teşekkür ederim
Usbekisch: Rahmat
Vietnamisch: Cảm ơn bạn
Walisisch: Diolch yn fawr
Xhosa: Enkosi
Yoruba: O ṣeun
Zulu: Ngiyabonga

Wer sich in Landessprache versucht, kommt besser an.

71. Erfragen, was man nicht versteht

Gute Fragen sorgen für gute Gespräche, und gute Gespräche sind die Basis für gute Beziehungen. Nicht nur erfahren wir viel mehr über einen Menschen, wenn wir seinem Denken und Fühlen wirklich auf den Grund gehen – wir wirken auch gleich interessierter. Gute Fragen zu stellen, ist eine Kompetenz von unschätzbarem Wert in jeder Art von Beziehungen.

Menschen werden gern gedanklich herausgefordert. Wer ungewöhnliche Fragen stellt, zeigt damit, dass er neugierig auf andere ist und Kontakt sucht – vor allem aber, dass er nicht auf Small Talk über das Wetter beschränkt ist.

Auch in gewachsenen Beziehungen können gute Fragen neues Leben und neue Faszination bringen. Mit der Partnerin zum ersten Mal über ein ganz neues Thema zu reden oder mit dem Partner auf ganz neue Weise über das Leben zu fabulieren, kann für echte Überraschungen sorgen. Möglicherweise können Sie einen vertrauten Menschen auf diese Weise in ganz neuem Licht erleben.

Welche Wirkung die richtigen Fragen auf eine Beziehung

haben können, untermauert eine Studie, die der US-Psychologe Arthur Aron 1997 durchgeführt hat.[69] Darin testete er einen Katalog von 36 Fragen, mit deren Hilfe Menschen feststellen können, wie sehr sie in zentralen Lebensthemen übereinstimmen – und auf dieser Basis eine Verbindung entwickeln. Um einander nahe genug zu kommen, um uns zu verlieben, müssen wir einander unser Herz öffnen. Genau dafür sorgen die 36 Fragen. Bei vielen Testpersonen hat das System tatsächlich funktioniert. Und selbst wenn sich keine Verliebtheit einstellt, helfen die guten Fragen dabei, einen Menschen in der kurzen Zeit von etwa einer Stunde besser kennenzulernen, als es uns in manchen jahrelangen Bekanntschaften gelingt.

Neben den großen Lebensfragen gibt es auch solche, die einfach faszinierend sind, weil sie unser Bewusstsein erweitern. Eine kleine Auswahl solcher Fragen habe ich nachfolgend aufgelistet. Ich lege sie jedem ans Herz, der gute Gespräche liebt und sein Gegenüber gern besser kennenlernen möchte. Aber Vorsicht: Manche dieser Fragen bringen einen Ballon zum Platzen, wenn man sich nur genug reinsteigert …

1. Was würdest du zuerst an deinem Leben ändern, wenn du nicht zu feige wärst?
2. Wohin gehen wir, wenn wir einschlafen? (Billy Eilish, »Bury a friend«)
3. Glaubst du dir immer selbst?
4. Warum hasst du mich nicht?
5. Ist die Seele mit 21 Gramm zu schwer oder zu leicht? (Eine unbewiesene Theorie von 1907, die einen Hollywoodfilm inspirierte)
6. Braucht der Mensch Prinzipien oder Moral?
7. Macht es Sinn, mit Neonazis zu reden?

8. Warum bist du noch nicht Bundeskanzlerin beziehungsweise Bundeskanzler?
9. Was müssen die Aliens zuerst über uns erfahren, und was dürfen sie auf keinen Fall rauskriegen?
10. Wann bist du bereit zu sterben?

Interessierte Fragen können eine Beziehung auf eine ganz neue Stufe heben.

72. Kulturelle Unterschiede achten

Wenn Menschen unterschiedlicher Herkunft miteinander ins Gespräch kommen, treffen unwillkürlich immer auch zwei Kulturkreise aufeinander. Besonders, wenn man selbst zur »Mehrheitskultur« am Ort der Begegnung gehört, macht man sich das jedoch oft nicht wirklich bewusst. Treffen wir als Deutsche in Deutschland auf Menschen aus einem anderen Kulturkreis, setzen wir meist automatisch voraus, dass die Begegnung und das Gespräch den rhetorischen Gewohnheiten und Ritualen folgen wird, die wir aus unserem Alltag gewöhnt sind.

Doch Dialoge verlaufen nicht überall gleich. Auch wenn bestimmte Grundwerte universell sein mögen, gilt dasselbe keineswegs für die Form, in der sie rhetorisch zum Ausdruck gebracht werden. Manche Gesprächs- und Sprechgewohnheiten mögen auf uns als Westeuropäer sogar fundamental irritierend wirken, wenn wir ihnen noch nie zuvor begegnet sind. Reagieren wir darauf mit Unverständnis oder übergehen die Differenzen im Gespräch, kann das dazu führen, dass Gespräche nicht daran scheitern, dass man sich nicht einig wird, sondern daran, dass man buchstäblich nicht miteinander reden kann. Diese Kulturbarriere kann deutlich problematischer sein als jede Sprachbarriere. Letztere kann durch Fremdsprachenkenntnisse, Übersetzungs-Apps auf dem Smartphone oder Simultandolmetschen überbrückt werden. Fühlt sich eine Seite jedoch unangenehm davon berührt, wie der Dialog geführt wird, kann das die Beziehung massiv beeinträchtigen.

In solchen Situationen ist es von großer Wichtigkeit, dass wir rhetorische Achtsamkeit praktizieren. Niemand wird erwarten, dass wir die Gepflogenheiten einer fremden Kultur perfekt anwenden. Doch wenn wir schon im Grundsatz gegen die Hör- und Sprechgewohnheiten einer Gesprächspartnerin verstoßen, werden wir bei allem Willen zur Verständigung nicht zu ihr durchdringen können. Im Gespräch mit Menschen aus anderen Kulturen müssen wir berücksichtigen, dass unsere Worte nicht dieselbe Wirkung haben, wie wir es gewohnt sind.

Ein typisches Beispiel ist das Japanische: Hier wird im Vergleich zu allen westeuropäischen Kulturen ein ausgesprochen indirekter Kommunikationsstil gepflegt.[70] Die japanische Kultur legt großen Wert auf die Bewahrung von Harmonie. Deshalb verhalten sich japanische Menschen generell antikonfrontativ. Direkte, negative Antworten wie Kritik, Abwertungen oder Anschuldigungen finden praktisch überhaupt nicht statt. Um etwas Gegensätzliches auszudrücken, wählen Japanerinnen immer indirekte Formulierungen beziehungsweise drücken sich bewusst mehrdeutig oder vage aus.[71]

Diese indirekten Aussagen können für unsere Ohren so subtil und raffiniert formuliert sein, dass uns gar nicht auffällt, dass wir zum Beispiel gerade kritisiert werden oder man uns in der Sache widerspricht Schließlich sind wir aus unserem Kulturkreis vergleichsweise direkte Ansagen und Kritik gewöhnt. Das kann dazu führen, dass wir den Punkt einfach übergehen, was vom Gesprächspartner als ignorant oder gar als Affront aufgefasst werden kann. Auf diese Weise können Deutsche und Japaner massiv aneinander vorbeireden, ohne zu merken, wo eigentlich das Problem liegt. Setzt sich dieses Muster fort, kann das im Extremfall sogar zum Gesprächsabbruch führen.

Im Kleinen können solche interkulturellen Differenzen allerdings auch zwischen Menschen aus demselben Kulturkreis auftreten. Auch unter deutschen Muttersprachlern gibt es etwa solche, die eher direkt, und solche, die eher indirekt kommunizieren. Dabei ist kein Stil schlechter oder besser als der andere; es handelt sich einfach um unterschiedliche Gewohnheiten, die vor allem mit der Sozialisierung eines Menschen zusammenhängen. Darüber hinaus gibt es zahlreiche weitere Nuancen in den Gesprächsgewohnheiten und Dialogkompetenzen von Menschen. Sie lohnt es zu erkunden und zu reflektieren, um mehr Menschen besser erreichen zu können.[72] Sich der Tatsache bewusst zu sein, dass es unterschiedliche Kommunikationsstile gibt, macht uns zu aufmerksameren, rücksichtsvolleren Gesprächspartnern.

Kommunikationsstile sind so unterschiedlich wie die Menschen selbst.

73. Differenzen aushalten

Dass Menschen bei aller Gleichheit unterschiedlich sind, ist unbestritten. Ein häufiger Irrtum ist, dass Differenzen einen freundlichen, sogar freundschaftlichen Umgang erschweren oder gar ausschließen würden. Differenzen trennen Menschen nicht voneinander; Differenzen ziehen an. Sie bilden die Grundlage von Gesprächen, an denen wir wachsen können – während Dialoge mit Gleichen sich recht schnell in ritualisierten Floskeln erschöpfen.

Das Risiko der digitalen Kommunikationskanäle ist, dass es so einfach geworden ist, Differenzen aus dem Weg zu gehen. Meinungen, die uns widerstreben, können wir einfach wegklicken oder blockieren. Algorithmen unterstützen uns immer effektiver und immer penetranter dabei, bei einer Überzeugung oder einem Verdacht zu bleiben – indem sie uns immer nur mehr von dem in die Timeline spülen, was wir sowieso schon glauben und hören wollen. Als Kontakte werden uns Menschen mit »ähnlichen Interessen« vorgeschlagen, als sei der Austausch mit allen anderen unsere Zeit nicht wert. Der Schwarm erschwert das Ausschwärmen und fördert die demografische Klümpchenbildung.

Wir kommunizieren nicht mehr, um Neues zu erfahren – wir kommunizieren, um Bekanntes zu bestätigen

Wie es die dominanten Kommunikationskanäle eines Zeitalters so mit sich bringen, färben die Gewohnheiten, die sie prägen, auf die Alltagskultur im Großen und Ganzen ab. Durch die Ghosting-Kultur im Netz verlernen wir die kritische Auseinandersetzung und die fruchtbare Diskussion mit Andersdenkenden. Sind wir mit dem Verlauf von Debatten nicht zufrieden, blenden wir sie einfach aus, statt mitzureden.

Diese Gleichgültigkeit färbt auf unsere Beziehungen ab. Warum an Freundschaften festhalten, die schwierig werden, wenn man Menschen doch einfach swipen kann? Warum an etwas arbeiten, das scheinbar unbegrenzt zur Verfügung steht und leicht ersetzbar ist?

Darum: Differenzen aushalten lohnt sich, weil es uns zusammenschweißt.

Unterschiede sind keine Beziehungsausschlusskriterien, sie sind Beziehungsanbahnungschancen. Jeder Unterschied, der nicht gegen Gesetze und freiheitliche Grundwerte verstößt, ist eine Bereicherung für das Miteinander. Menschen, die anders denken und ihre Gedanken mit uns teilen, geben uns eine Chance, zu wachsen, indem wir neue Ideen in unser Denken integrieren – oder uns bewusst und begründet davon abgrenzen können. Letzteres ist nur durch Auseinandersetzung möglich, durch Verweigerung nicht. Der Eindruck, dass Beziehungen genauso funktionieren wie digitale Interaktion, oder sich in ihr erschöpfen, ist deshalb ein fataler Trugschluss. Es ist ein bisschen so, als hätten unsere Großeltern geglaubt, das Anschauen der Abendnachrichten begründe eine reale Beziehung mit dem Tagesschau-Sprecher.

Ein Lehrstück über den Wert der Differenzen ist die allgemeine Schulpflicht. Nach der Herkunftsfamilie ist die Schule der Ort, der uns am meisten formt. Hier findet ein prägender Teil unserer Sozialisation statt. In öffentlichen Bildungseinrichtungen treffen Menschen unterschiedlichster Prägung aufeinander – unabhängig von Herkunft, Hautfarbe oder Religion. Und das ist genauso gewollt. In der Schule, im gemeinsamen Unterricht und in den gemeinsamen Pausen lernen Kinder, Differenzen auszuhalten, denn Swipen ist keine Option. Kommt es in jeder Schule, in jeder Schulklasse zu Grüppchenbildung? Gewiss, und auch das ist gewollt. Doch der Sozialverbund Schulklasse, so wie der Sozialverbund unserer Gesellschaft, ist eine Lebensrealität, mit der wir alle uns arrangieren müssen. Später müssen wir andersdenkende Kollegen, Schwiegereltern und Teenager aushalten, die sich wenigstens eine Zeit lang ganz gezielt über Differenzen definieren.

Wie sollen wir das alles lernen, wenn wir Differenzen verachten? Bindung entsteht nicht durch Konsens. Sie entsteht durch die Bereitschaft, Differenzen auszuhalten, um Gemeinsamkeiten zu bewahren.

Nur wer Differenzen aushalten kann, kann bedeutungsvolle Beziehungen haben.

74. Tabus hinnehmen

Differenzen aushalten können heißt nicht, Tabus zu ignorieren – weder die eigenen noch die anderer. Denn zu den Unterschieden, die es zu respektieren gilt, gehören auch die individuellen Grenzen eines Menschen.

Ein Tabu ist laut Duden ein »ungeschriebenes Gesetz, das aufgrund bestimmter Anschauungen innerhalb einer Gesellschaft verbietet, bestimmte Dinge zu tun«. In seiner ursprünglicheren Bedeutung bezeichnet es aber auch ein »Verbot, bestimmte Handlungen auszuführen, besonders geheiligte Personen oder Gegenstände zu berühren, anzublicken, zu nennen, bestimmte Speisen zu genießen«.[73]

An letzterer Definition lässt sich die faszinierende Wortherkunft des Begriffs bereits erahnen. »Tabu« (ursprünglich »tapu«) stammt aus dem Tonga, der Sprache Polynesiens. Der Ausdruck gehört zu den wenigen Wörtern, die aus der Sprache eines »Naturvolkes« stammen und in Sprachen westlicher Kulturen Eingang gefunden haben. Der berühmte Eroberer James Cook brachte es im Jahre 1777 von seiner Südseereise nach England mit. Von dort aus verbreitete es sich rasch in verschiedene europäische Bildungssprachen weiter. Im Deutschen ist es seit einem Eintrag in Meyers Konversations-Lexikon von 1851 nachgewiesen, wo es allerdings lediglich im Zusammenhang mit »Naturvölkern« verwendet wurde. Erst 1906 verwies die Definition in derselben Publikation darauf, dass auch damals sogenannte Kulturvölker Tabus aufweisen könnten. Zum relevanten Begriff für die kulturelle Selbstreflexion des Westens wurde das Wort endgültig, als Sigmund Freud es in seiner Schrift *Totem und Tabu* (1912–1913) thematisierte. Er betrachtete ein Tabu als etwas zugleich Heiliges und Unreines.[74]

Im aktuellen Sprachgebrauch wird das Wort zunehmend auch in einer umgangssprachlichen Bedeutung verwendet, die noch keinen Eingang in die Wörterbücher gefunden hat – nämlich im abwertenden Sinne von »überlebt« oder »nicht in die Zeit passend«. Vor allem in den Medien ist oft im Sinne eines Vorwurfs zu lesen oder zu hören, dass etwas für jemanden ein Tabu sei, während der »Tabubruch« oder das »Enttabuisieren« bestimmter Dinge oder Handlungen in diesem Zusammenhang positiv bewertet wird.[75] Schon immer mit dem Begriff des Tabus gespielt hat die Kunst. Viele Künstler haben mit gezielten Tabubrüchen Debatten über gesellschaftliche Zustände und Konventionen angestoßen und damit stark polarisiert.

Aus der Etymologie dieses faszinierenden, hochgradig kulturkontextualen Begriffs lässt sich ablesen: Tabus sind den Menschen, die sich an sie halten, mindestens im übertragenen Sinne des Wortes heilig. Was auf gesellschaftlicher oder medialer Ebene zu diskutieren Sinn macht, kann auf einer individuellen Ebene als massive Grenzübertretung wahrgenommen werden – besonders wenn noch keine gewachsene, belastbare Beziehung besteht.

Was macht Tabus so sensibel? Die meisten Tabus betreffen Aspekte unseres Lebens, die extrem nahe an unserem

Wesenskern sind. Viele gehören in den Bereich der Privat- oder sogar Intimsphäre, da es sich oft um religiöse oder spirituelle Überzeugungen oder zum Beispiel um tiefenpsychologisch begründete Grenzziehungen handelt, die Grundbedürfnisse wie z. B. Ernährung oder Sexualität betreffen. Einige Tabus, denen wir im Alltag recht häufig begegnen, sind zum Beispiel religiöse Gebote wie der Verzicht auf Schweinefleisch bei Muslimen, das offene Gespräch über (bestimmte) sexuelle Themen in verschiedenen Religionen oder Nacktheit im öffentlichen Raum. Persönliche Tabus können aber auch bestimmte Gesprächsthemen, die Konfrontation mit bestimmten Menschen oder der Verzehr bestimmter Lebensmittel sein.

Ein Tabu zu brechen, ist ein Eingriff beziehungsweise eine Herausforderung hochpersönlicher Grenzen. Werden sie verletzt, kann das im schlimmsten Fall traumatisch, wenn nicht provokativ wirken und unter Umständen zu starken Affektreaktionen führen. Tabus zu wahren, ist deshalb ein Gebot des Respekts und gehört zu den Grundfesten eines freundlichen Umgangs.

Rücksicht auf Tabus zu nehmen, ist ein Gebot des Respekts.

75. Sprache dekolonialisieren

Wenn wir mit Menschen umgehen, die denselben kulturellen Hintergrund teilen, ist Freundlichkeit einfach. Schwieriger wird es, wenn wir mit Menschen reden, die eine ganz andere Prägung oder Herkunft haben als wir selbst. Wenn wir als Mehrheitsvertreter unsere Vorstellungen davon, was gesagt werden kann, auf sie übertragen, können wir damit anecken. Genauso danebenliegen können wir aber auch mit unseren Vermutungen, was dieser konkrete Mensch aufgrund seiner Prägung hören will.

In meinem Ausbildungsprogramm für Respekt-Trainer frage ich zum Beispiel offen in die Runde: »Kann man Zigeunerschnitzel sagen?«

Auf diese Weise entsteht jedes Mal eine sehr interessante Diskussion. »Ja, klar«, sagt jemand, »das haben wir doch schon immer gesagt, und es war noch nie abwertend gemeint.« Eine andere Teilnehmerin wirft ein: »Wir sagen ja auch ›Wiener Schnitzel‹ und ›Thüringer Rostbratwurst‹.« Ein Dritter fügt hinzu: »Da steckt ja keine respektlose Haltung dahinter.«

Als Nächstes frage ich: »Und wie ist es mit dem Wort ›Neger‹?«

An dieser Stelle zucken die meisten Teilnehmer zusammen. »Nein, das geht nicht«, heißt es mehrheitlich.

»Warum denn nicht?«, frage ich nach.

»Das ist ja ein beleidigendes Wort, das ist doch klar«, lautet die Antwort, jedes Mal mehr oder weniger gleichlautend.

Was mich an dieser Diskussion so fasziniert, ist, wie schnell man versucht ist, sich zu verteidigen – indirekt oder auch mal recht offensiv. Das Thema bewegt die Gemüter also. So ist es schon vorgekommen, dass ein Teilnehmer im Training gesagt hat: »Diese Diskussion geht mir zu weit, das ist doch ein ganz normales Wort.« Einige Tage später bekam ich dann eine E-Mail von derselben Person: »Ich habe darüber nachgedacht, und ich werde es nicht mehr verwenden.«

Es ist deshalb immer sinnvoll, mit Betroffenen zu sprechen und sich anzuhören, wie die so bezeichneten Menschen sich mit bestimmten Ausdrücken fühlen. Macht es wirklich einen so großen Unterschied für das eigene Wohlbefinden, das »Zigeunerschnitzel« einfach »Paprikaschnitzel« zu nennen? Das ist eine Überlegung, für die meine Teilnehmer fast immer offen sind.

Eine Überlegung, die mir sehr wertvoll erscheint, um eine bewusste Entscheidung für die freundlichere Wortwahl zu finden, ist der Abgleich von »Selbstbild« und »Fremdbild«. »Schwarzer« kann man sagen, weil es sich um eine Selbstbezeichnung handelt. Für »Indianer« gilt dasselbe. Wenn es also heißt: »Was darf man denn überhaupt noch sagen?« Diese vieldiskutierten Begriffe zum Beispiel sind alle akzeptabel.

Dagegen würde sich die von uns häufig so bezeichnete Volksgruppe der »Zigeuner« selbst nicht so nennen, weil sie den Begriff als beleidigend empfindet. Wer Betroffene fragt und das weiß, kann Rücksicht nehmen. Natürlich mag es immer Einzelne geben, die sich daran nicht stören – doch der Einzelfall ist nun mal nicht repräsentativ.

Oft ist die kulturelle Zuschreibung hinter einem Ausdruck eine ganz andere, als wir vermuten. So ist etwa das Sprichwort »Wer hat Angst vorm schwarzen Mann?« verschrien, weil es sich vermeintlich auf schwarze Menschen bezieht. Doch das stimmt nicht: Historisch ist mit der bedrohlichen Figur kein Mensch gemeint, sondern die Pest; die Phrase wurde geprägt, während sie in Europa wütete.

Sich dieser Zusammenhänge und vor allem der Haltung Betroffener gewahr zu werden, ist ein Akt der Freundlichkeit. Der zwischenmenschliche Respekt gebietet es, sich mit der Haltung und der Verletzbarkeit Betroffener auseinanderzusetzen. Ich glaube jedem, der sagt: Ich habe das nicht abwertend gemeint. Wer an diesem Punkt ist, wird keine Schwierigkeiten haben, noch einen Schritt weiterzudenken und einzusehen: Möglicherweise gibt es Menschen, die schlechte Gefühle mit meinen Worten verbinden. In der

Regel brechen wir uns keinen Zacken aus der Krone, wenn wir unsere Wortwahl anpassen – und ersparen anderen damit, sich fremd fühlen zu müssen.

Die eigene Wortwahl zu hinterfragen, ist ein Akt der Freundlichkeit.

76. Othering vermeiden

Ist es in Ordnung, Menschen zu fragen: »Wo kommst du her?« Wenn ich Teilnehmer meiner Trainings mit dieser Frage konfrontiere, herrscht fast immer Konsens: »Natürlich kann man das, warum denn nicht?«

Ich muss einräumen, dass ich es lange Zeit über genauso gesehen habe. Dann habe ich Berichte über Menschen gelesen, die sich an der vermeintlich harmlosen Frage stören, und habe meine Haltung geändert. Seither frage ich auch bei meinen Teilnehmern nach: »Wen fragen wir das denn in der Regel?«

Ich glaube meinen Teilnehmern und auch den meisten anderen Menschen, dass die Frage im Grunde freundlich gemeint ist: Wenn ich mit jemandem einen Dialog über seine Herkunft eröffne, zeige ich damit letztlich wirkliches Interesse. Tatsächlich gibt es deshalb auch viele Menschen, die diese Frage gern beantworten und von ihren Wurzeln erzählen. So arbeiten in meinem Team zwei Perserinnen, die liebend gern und mit großem Stolz über den kulturellen Hintergrund ihrer Familien berichten.

Doch es gibt auch Menschen, die Schwierigkeiten mit der Frage haben. Wenn zum Beispiel Zugewanderte sich sehr bewusst und gezielt um Integration bemühen und alles tun, um nicht ausgegrenzt und als »anders« wahrgenommen zu werden, können sie sich von Äußerungen verletzt fühlen, die ihnen ihren kulturellen Minderheitsstatus vor Augen führen. Dafür gibt es in der Kulturtheorie und Kommunikationspsychologie einen Fachbegriff: Beim sogenannten Othering (engl. »anders machen«) wird eine Person aufgrund eines Merkmals durch eine andere Person oder Gruppe als »anders« kategorisiert und damit ausgegrenzt.

Von solchen Formulierungen fühlen sich Menschen immer wieder daran erinnert, dass sie doch nicht so ganz dazugehören, in der Wahrnehmung anderer nicht vollständig integriert sind. Die Psychologin Naomi Eisenberger konnte in mehreren Studien nachweisen, wie wichtig soziale Unterstützung für unser Wohlbefinden ist. Das Gefühl, Teil einer Gemeinschaft zu sein, ist ein menschliches Grundbedürfnis. Fühlen wir uns ausgeschlossen, wird das im Gehirn ähnlich wahrgenommen wie körperliche Schmerzen. Die Frage »Wo kommst du her?« kann in befragten Personen das Gefühl wecken, offensichtlich nicht Teil des »Hier« und »Wir« zu sein, und somit als diskriminierend wahrgenommen werden – unabhängig von der Frage, ob sie tatsächlich so gemeint war oder nicht.

Viele der Betroffenen setzen mit Humor ein Zeichen gegen das Othering. Die sozialen Medien sind voll von tragikomischen Beispielen für solche Gespräche. So kann ein Dialog über die Herkunft, ob gut gemeint oder nicht, schon mal unerwartet verlaufen:

»Wo kommst du her?« – »Aus Nürnberg.« – »Nein, ich meine ursprünglich.« – »Ach so, aus Dortmund.«

»Feiert man bei euch Weihnachten?« – »In Köln-Hürth? Na klar.«

Im Rahmen einer Veranstaltung war einmal der syrische Geflüchtete Khalil Khalil in meinem Seminarhaus zu Gast. Als ich ihn fragte, ob die Frage nach der Herkunft ihn störe, antwortete er mit einem entschiedenen Ja und einem spannenden Alternativimpuls: »Wenn ihr so interessiert an mir seid, fragt mich doch, wo ich hinwill – und nicht, wo ich herkomme.« Gespräche kann man schließlich auch anders beginnen.

Berichtet jemand dagegen von sich aus über seine Heimat, seine Familie und seinen kulturellen Hintergrund, hat diese Person offensichtlich kein Problem mit dem Thema. Dann werden Nachfragen auch willkommen sein – doch die Entscheidung darüber bleibt bei den Betroffenen. Schließlich gibt es auch Menschen, die nicht so gern über ihre Herkunft und ihre Erfahrungen beispielsweise in Fluchtgebieten sprechen. Sollte es ihnen nicht freistehen, wie sie über ihre Identität sprechen möchten?

Die Entscheidung, über die eigene Herkunft zu sprechen, sollte jeder selbst treffen dürfen.

77. Respektieren statt stigmatisieren

Was, wenn wir aus Menschen und ihren Erfahrungen lesen könnten wie in einem Buch? Was, wenn wir auf die Weisheit und Perspektiven von Experten zugreifen könnten wie auf die Bücher in einer Bibliothek?

Auf dieser Idee beruht die sogenannte Menschliche Bibliothek – ein Konzept, von dem ich auch als Kommunikationstrainer gern Gebrauch mache, etwa als Teil meiner Respekttrainer-Ausbildungen, mit denen ich mehr Respekt in die Welt tragen möchte. Erfunden wurde das Konzept bereits vor eine Vierteljahrhundert: Im Jahr 2000 wurde das erste Projekt unter dem englischen Titel Human Library vom Journalisten Ronnie Abergel in Dänemark ins Leben gerufen. Daraus hat sich eine internationale Erfolgsgeschichte mit Ablegern und Events in vielen Ländern entwickelt.

Die Idee dahinter war einfach und doch revolutionär: Genau wie in einer Bibliothek haben Nutzer die Möglichkeit, ihre Perspektiven und ihren Horizont zu erweitern, indem sie auf das Wissen und die erzählten Erfahrungen anderer zugreifen. Doch anstatt Bücher aus dem Regal zu ziehen, können sie in der »Menschlichen Bibliothek« Menschen »ausleihen« und von deren Kenntnissen profitieren, indem sie ihnen Fragen stellen und mit ihnen diskutieren können.

Dabei stellt sich schnell heraus, dass für Menschen und ihre Hintergründe dasselbe gilt wie für Bücher und ihren Inhalt: »Don't judge a book by its cover« – »Beurteile ein Buch nicht nach seinem Umschlag«.

Bei den »menschlichen Büchern« handelt es sich um Personen, mit denen die meisten Menschen im Alltagsleben kaum in Berührung, geschweigen denn ins Gespräch kommen würden, von denen sich jedoch eine Menge lernen lässt. Das können Menschen mit einer Behinderung, anderer Religion, kultureller Herkunft, einem ungewöhnlichen Beruf und vieles andere mehr sein.

Im Rahmen eines Freundlichkeitsraums können wir mit ihnen ins Gespräch kommen und offen unsere Fragen stellen. Damit vollziehen wir gleich zwei Schritte einer freundlichen Annäherung, die beide Seiten der Interaktion bereichern: Zum einen zeigen wir aufrichtiges Interesse an einem Menschen, der ganz anders ist als wir selbst. Zum anderen sprechen wir auf diese Weise direkt mit diesen Menschen anstatt über sie. Die Idee der »Menschlichen Bibliothek« besteht darin, zu lernen, Menschen mit anderen Vorgeschichten und Lebensentwürfen respektieren zu können, anstatt sie zu stigmatisieren.

Sowohl die Idee selbst als auch ihr großer Erfolg beruhen auf Forschungsergebnissen, die den Wert von sozialen Begegnungen unterstreichen. So deuten Ergebnisse verschiedener Untersuchungen darauf hin, dass sich Vorurteile und Stereotypen dort am wohlsten fühlen, wo keine Berührung mit dem Unbekannten stattfindet. Der US-amerikanische Psychologe Gordon W. Allport stellte in diesem Zusammenhang 1954 die Kontakthypothese auf. Sie besagt, dass Vorurteile und feindselige Einstellungen zwischen verschiedenen Gruppen aufgrund von Unwissenheit und mangelnder direkter Erfahrung entstehen können. Um diese Vorurteile zu überwinden, empfiehlt Allport den direkten Austausch zwischen den Gruppenmitgliedern. Durch die persönliche Interaktion können Stereotypen und Vorurteile abgebaut werden, während Verständnis, Empathie und Vertrauen wachsen.[76]

Allport betont in diesem Zusammenhang allerdings auch, dass die Begegnung in einem Klima stattfinden sollte, das einen positiven Austausch ermöglicht. Daher ist es für das Gelingen der »Menschlichen Bibliothek« besonders wichtig, auf einen freundlichen, respektvollen Umgang miteinander zu achten. Beim dänischen Vorbild der Human Library gibt es hierfür »Bibliothekare«, die auf eine Einhaltung der Regeln achten. Gemeinsam mit den »menschlichen Büchern« können Gesprächsregeln festgelegt werden, damit sich alle Beteiligten wohlfühlen.

Indem wir in einer freundlichen Atmosphäre ins Gespräch kommen, öffnen wir unser Denken und automatisch auch unsere unsichtbaren Schubladen im Kopf.

Zur Auswahl der »Bücher«, die in seine Bibliothek aufgenommen werden, hat Gründer Abergel die folgenden treffenden Worte gefunden: »Wir alle sind potenzielle Bestseller.«

Je unterschiedlicher die Menschen, mit denen wir ins Gespräch kommen, desto größer der Erkenntnisgewinn.

78. Formulieren statt korrigieren

Eine Redegewohnheit, die viele Menschen als sehr unfreundlich empfinden, ist das Korrigieren. Wer möchte schon ständig berichtigt werden? Besonders, wenn man gerade etwas Wichtiges mitteilen möchte oder es eilig hat, kann es sehr irritierend wirken, wenn der andere sich nicht auf den Inhalt konzentriert, sondern sich als Undercover-Agent der Sprachpolizei inszeniert und mit dem erhobenen Zeigefinger in Wortwahl oder Grammatik herumstochert.

Bei Tisch korrigiert man ja auch nicht die Etikette anderer. Natürlich ist es schön, wenn man die Regeln kennt und sich auch bei formellen Anlässen sicher bewegen kann. Doch wer würde beim entspannten Lunch mit Kollegen zu seiner Tischnachbarin sagen: »Katja, bitte, das Besteck verlässt den Teller nicht. Deines liegt auf der Tischdecke. Würdest du das bitte korrigieren?«

Dass das nicht geht, leuchtet wohl jedem auf Anhieb ein.

Andere in ihren Sprachgewohnheiten zu kritisieren, ist ungefähr genauso unangenehm – und doch fühlen manche sich dazu berufen, weil sie einen der einschlägigen Ratgeber über sogenanntes gutes Deutsch gelesen haben.

Gut, wenn man den Unterschied zwischen »das Gleiche« und »dasselbe« kennt, Dativ und Genitiv auseinanderhalten kann und »das macht keinen Sinn« als Anglizismus erkennt. Aber muss man anderen das aufs Brot schmieren, nur weil man diesen Wissensbrocken mehr oder weniger zufällig sein Eigen nennt?

Noch schlimmer, wenn es sich um inkonsistentes Halbwissen handelt, das man sich irgendwo zufällig angelesen hat. Ich habe schon gehört, dass jemand den Begriff »Studierende« kritisiert hat – denn das würde ja nur gelten, wenn die betreffende Person gerade in einem Hörsaal oder einer Bibliothek sitzt und aktiv dem Studium nachgeht. Würde das bedeuten, man kann nur alleinerziehende Mutter sein, wenn man gerade aktiv das Kind erzieht – nicht aber unter der Dusche oder im Büro, während das Kind in der Kita ist?

Wer glaubt, für seine ungebetenen Korrekturen bewundert oder auch nur geschätzt zu werden, ist auf dem falschen Dampfer. Das Einzige, was man damit in einem Gespräch erreicht, ist Verunsicherung: Das Gegenüber wird nicht mehr entspannt und frei kommunizieren können, sondern sich nur noch gehemmt äußern. Abgesehen davon, dass Besserwisserei noch nie jemanden sympathischer gemacht hat …

Nicht einmal meine Frau käme auf die Idee, mir in meine Grammatik hineinzureden – und die ist immerhin Deutschlehrerin.

Wer versucht ist, andere im Gespräch zu korrigieren, darf gern die Klappe halten.

79. Demonstrative Höflichkeit praktizieren

Die größte Hürde für Freundlichkeit ist Unfreundlichkeit. Was klingen mag wie ein Zirkelschluss, ist tatsächlich einer der häufigsten Anlässe, warum wir unsere Contenance verlieren: Warum die andere Wange hinhalten, wenn mir jemand blöd kommt? Zugegebenermaßen leben wir in Zeiten, in denen es manchmal nicht einfach ist, in dieser Weise Größe zu zeigen, wenn andere eskalieren.

Und doch kann es einen Versuch wert sein. Denn es gibt kaum eine effektivere Strategie gegen unverschämte Zeitgenossen als die sogenannte demonstrative Höflichkeit. Wer sich überwinden kann, einen kühlen Kopf zu bewahren und unangemessenes Verhalten mit angemessenem zu kontern, darf nicht nur mit verdutztem Innehalten rechnen – was im Grunde ja schon genug Belohnung für einen Moment der Selbstkontrolle wäre. Demonstrative Höflichkeit erlaubt es uns auch, trotz aufgeheizter Stimmung in einem Gespräch zu bleiben – ohne sich anschließend ärgern zu müssen, was man sich hat bieten lassen.

Das Geheimnis der demonstrativen Höflichkeit liegt in ihrem Überraschungseffekt: Wer Ihnen verbal einen überbrät, rechnet in der Regel mit allem, nur nicht damit, dass der gezielte Affront einfach an Ihnen abprallt. Kühle Höflichkeit lässt Sie souverän wirken, denn sie suggeriert der anderen Seite eine gelassene Distanz: Auf dein Spiel lasse ich mich nicht ein – du kannst mein Verhalten nicht steuern.

Wie aber ruhig bleiben, wenn die Retourkutsche mir förmlich auf der Zunge brennt? Der Schlüssel zur demonstrativen Höflichkeit liegt darin, dem Gegenüber sein unfreundliches Verhalten indirekt durch betonte Freundlichkeit zu spiegeln.

Dem besonders eiligen Kunden, der sich im engen Gang des Supermarkts unbemerkt von hinten nähert und dann losfaucht: »Wie wär's denn, wenn Sie mal aus dem Weg gehen?«, lässt sich zum Beispiel mit einem Lächeln entgegnen: »Wenn ich Ihnen damit helfe, mache ich das sehr gern.«

Wird man als Verkäuferin von einer Kundin mit einer Reklamation zur Schnecke gemacht, die man nicht einmal zu verantworten hat, hilft eine höfliche, aber unbedingt vorwurfsfreie Spiegelung ihres Verhaltens: »Sie sind ja ganz schön sauer. Was ist denn passiert?«

Der Kollege im Großraumbüro, der sich einen Vorteil in der internen Konkurrenz verschaffen will, indem er Sie offen zurechtweist, schaltet garantiert ein paar Gänge zurück, wenn Sie sagen: »Das meinst du bestimmt nicht so, wie es gerade klingt, oder?« Damit machen Sie ihn und alle anderen darauf aufmerksam, wer hier gerade aus der Rolle fällt.

Die folgende Methode für demonstrative Höflichkeit kann die Situation retten, wenn uns jemand blöd kommt:

1. Durchatmen. Das fällt besonders schwer, wenn wir angegriffen werden, macht aber einen großen Unterschied. Die oder der Angreifende – und gegebenenfalls weitere Anwesende – können sich in dieser kurzen Pause darüber klar werden, was hier los ist; nichts hallt eindrucksvoller nach als eine Unverschämtheit, die Zeit hat, sich zu setzen. Außerdem gewinnt man einen Moment Zeit, um sich eine souveräne, gelassene Antwort zurechtzulegen.
2. Inhaltlich von der Emotion zur Beobachtung wechseln: Zunächst ist es wichtig, einen Schritt aus der Situation herauszutreten. Denn das ist die Voraussetzung dafür, dass man klar wahrnehmen kann, was es zu spiegeln gilt:

nicht den Inhalt des Angriffs, sondern das Verhalten des Angreifers. Damit wird die Erwartungshaltung dieser Person durchbrochen und der Attacke der Wind aus den Segeln genommen.

3. Demonstrative Höflichkeit im Ton: Auf der sprachlichen Ebene ist es am wichtigsten, sich keinesfalls auf das Niveau des Angreifers herabzulassen: Je unhöflicher der Angriff, desto höflicher sollte die Antwort ausfallen. So wird das Gegenüber subtil auf die Spielregeln eines angemessenen Umgangs aufmerksam gemacht und zugleich mit seiner Masche bloßgestellt.

Je unhöflicher man uns begegnet, desto höflicher sollten wir reagieren.

80. Kommunikationskanäle variieren

Unfreundlichkeit hat heute viele Ventile. Früher musste man einen wütenden Brief schreiben oder sich einer Auseinandersetzung von Angesicht zu Angesicht stellen, um jemandem mal so richtig die Meinung zu geigen. Man musste also mit der Zitierfähigkeit und/oder mit dem Echo einer unzivilen Äußerung leben – mit dem Ergebnis, dass man sie in der Regel dann doch unterließ. Auf dem Weg zu Postkästen und Haustüren sind fraglos viele Millionen Grad Celsius an Wuthitze verpufft, an denen wir uns sonst die Zunge verbrannt hätten. Und das war auch gut so.

Die digitale Kommunikation hat das geändert: Heute kann man sich in Kommentarspalten, Online-Rezensionen und anonymen E-Mails ohne Rücksicht auf Verluste und

Reaktionen austoben. Manche tun das inzwischen sogar unter Klarnamen – nicht mehr nur anonym, wie es in den Anfangszeiten der digitalen Kommunikation die Regel war. Darunter leiden wir alle – die Absender eingeschlossen. Denn wie man in den Wald hineinruft, so schallt es heraus.

Mit der Online-Kommunikation ist es ein bisschen wie mit der Henne und dem Ei: Was war zuerst da, das Internet oder der Wutbürger?

Das Leiden an der Multikanalgesellschaft nehmen wir wahr und beklagen uns darüber. Was wir dabei regelmäßig übersehen: Jeder Kanal, über den wir Unfreundlichkeit empfangen, ist auch ein Kanal, über den wir Freundlichkeit senden können. Wenn wir unseren Fokus auf dieses Potenzial der digitalen Kommunikation legen würden, wäre die Welt auf einen Schlag freundlicher.

Oder ist sie das womöglich schon längst? Nüchtern betrachtet kommen auf jeden Hasskommentar Dutzende, Hunderte, manchmal Millionen Komplimente, Dankesbotschaften und Likes. Auf jeden unfairen Verriss kommt ein Vielfaches an fairen, oft sogar überwiegend lobenden Rezensionen – sonst wäre nicht die Masse aller Artikel in jedem beliebigen Onlineshop mehrheitlich positiv bewertet. Und auf jeden Fall von Cybermobbing unter Teenies kommen Millionen von unterstützenden, liebevollen und zweckmäßigen Nachrichten unter Freunden, die Technologie und die damit einhergehenden Kommunikationsgewohnheiten smart und bewusst zu nutzen wissen.

Ausgesprochen unfreundlich ist es, trotz Verfügbarkeit zweckmäßigerer Kanäle auf die Verwendung eines bestimmten zu pochen, nur weil man das von früher vielleicht so gewöhnt ist. Erklären Sie Ihrem Teenagerkind auf Klassenfahrt mal, warum Sie es abends in Anwesenheit seiner Freunde telefonisch behelligen müssen, wenn eine Whats-

App-Nachricht ihm das Fremdschämen ersparen könnte. Wer wiederum als Führungskraft seine Mitarbeitenden am Wochenende oder spätabends schon mal per WhatsApp auf die Freuden des nächsten Arbeitstags einstimmen möchte, darf sich nicht wundern, wenn er geghostet wird. Und wie man als Verwaltungsorgan allen Ernstes glauben kann, seinen Bürgern ein halbes Jahrhundert nach Erfindung der E-Mail 1971 noch monatelange Wartezeiten auf einen simplen Behördenbrief zumuten zu können, versteht vermutlich nicht einmal mehr die Deutsche Post.

Kanäle zweckmäßig zu variieren und dabei die Interessen des Absenders in den Fokus zu nehmen, wird als ausgesprochen freundlich wahrgenommen. Bewusste Kanalselektion fällt positiv auf, weil die Wahl viel zu oft auf die falsche, nämlich bequemste und risikoärmste Option fällt – wie in den Foren und Kommentarspalten letztlich auch.

Freundlichkeit geht in digitalen Zeiten also über die inhaltliche und sogar über die sprachliche Ebene hinaus und reicht bis auf die mediale Ebene unserer Kommunikation. Der kanadische Philosoph, Rhetoriker und Kommunikationstheoretiker Marshall McLuhan (1911–1980) hatte mit seiner im digitalen Raum viel zitierten, aber auch stark umstrittenen These aus heutiger Sicht betrachtet also doch recht:

»Das Medium ist die Botschaft.«

81. Widerstände konstruktiv nutzen

Wenn Gespräche gut laufen, ist es einfach, freundlich zu bleiben. Wird man dagegen mit seinen Positionen infrage gestellt, fällt eine wohlwollende Reaktion den meisten Menschen um einiges schwerer.

In solchen Situationen braucht man zwei Dinge, damit das Gespräch trotzdem friedlich und konstruktiv verläuft: Haltung und Technik. Was eine freundliche Gesprächshaltung ist und wie sie sich gerade in schwierigen Gesprächen auswirkt, ist bereits das Thema einer Reihe von Impulsen in diesem Buch gewesen. Eine Technik, die bei der Bewältigung von herausfordernden Begegnungen helfen kann, ist das sogenannte Pacing & Leading.

Menschen haben gern recht. Deshalb ist es manchmal besser, ihnen recht zu geben, auch wenn wir anderer Meinung sind. Auf diese Weise lassen sich Widerstände oft effektiver überwinden, als wenn man rhetorisch dagegenhält: Wer sich gehört und gesehen fühlt, ist offener für neue Sichtweisen.

Dass jemand ganz anderer Meinung ist als ich, lässt sich zum Beispiel daran erkennen, dass er jedes Argument zu entkräften versucht – zum Beispiel mit der beliebten Universalablehnung »Ja, aber …!«

Dagegenhalten bringt hier gar nichts. Wenn die Gesprächspartnerin einmal auf das »Ja, aber« festgelegt ist, kann man sich den Mund fusselig reden, man wird nicht durchdringen, weil das Gegenüber sich nicht einigen will. Je mehr man dagegenhält, desto mehr stachelt man die inneren Widerstände des Gesprächspartners an. Diese Person sieht es anders, gefällt sich offenbar sehr in dieser Rolle – und will recht behalten.

Die beste Chance, denjenigen wieder zu einer sachlichen Diskussion einzuladen, liegt darin, die Haltung dieser Person zu akzeptieren und zu respektieren. Statt die Gegenargumente abzuwehren, gilt es zu demonstrieren: Ich sehe dich, und ich verstehe, was dich umtreibt.

Beim Pacing & Leading spiegelt man der Gesprächspartnerin ihren Einwand zunächst mit einer bedingten Zustimmung (Pacing): »Da haben Sie recht«; »Das stimmt« oder ähnlich, gefolgt von einer Wiederholung des Einwands. Dabei ist es sehr wichtig, den Einwand möglichst genau wörtlich wiederzugeben, um nicht gleich wieder Widerstände zu schüren. Im zweiten Schritt übernimmt man die Führung in der Argumentation, indem man den Einwand aufgreift und als Grundlage für ein eigenes Argument nutzt (Leading). Dafür eignet sich am besten die Einleitung »Gerade, weil …«.

Einige Beispiele verdeutlichen den Mechanismus:

»Ja, aber wir haben kein Geld für so etwas!« – »Gerade weil wir sparen müssen, lohnt sich die Anschaffung einer effizienteren Maschine.«

»Ja, aber du hast selbst gesagt, wir haben zu wenig Platz für neue Möbel!« – »Gerade weil wir zu wenig Platz haben, sollten wir uns anders einrichten.«

»Ja, aber wir haben sowieso schon so viel zu tun!« – »Gerade weil wir so viel zu tun haben, könnten wir von einer KI-Schulung profitieren.«

Alle Menschen wollen gern recht haben – deshalb ist es eine gute Idee, ihnen recht zu geben.

82. An Netiquette halten

Im Netz herrscht ein rauer Ton. Und außerhalb des Netzes zunehmend auch. Hat das eine mit dem anderen zu tun? Ist Freundlichkeit im Internet schwieriger? In jedem Fall scheint es so, als ob es im Digitalen leichter fällt, auf Freundlichkeit zu verzichten – weil der direkte Kontakt, die unmittelbare Rückmeldung, die persönliche Präsenz fehlen. Freundlichkeit ist ein Ausdruck von Menschlichkeit. Und das Netz ist immer nur so menschlich, wie wir es machen.

Dieser Befund spricht dafür, dass Regeln es im Netz schwerer haben als im echten Leben. Der Grund dafür ist sozialpsychologischer Natur: Damit Regeln akzeptiert werden – seien es Gesetze in einem Staat, das Regelwerk eines Sports oder Vereinbarungen zwischen Eltern und Kindern –, braucht es eine relativ geschlossene Gruppe, die ein Interesse an der Einhaltung dieser Regeln hat. Dafür ist es notwendig, dass diese Menschen einander bekannt sind. Nur dann können sie für die Einhaltung der Regeln verantwortlich gemacht und bei Verstößen nötigenfalls sanktioniert werden.

An Orten im Internet, an denen diese Kriterien nicht erfüllbar sind, herrscht digitaler Wilder Westen: Wer sich nicht zu erkennen geben will und keine Lust auf Regeln hat, kann darauf pfeifen – solange er nicht tatsächlich gegen Gesetze verstößt. Und selbst dann gestaltet sich die Strafverfolgung oft schwierig. Und selbst wenn solche Beiträge von Administratoren gelöscht werden: Für eine gewisse Zeit waren sie in der Welt, ausgesprochen und für viele lesbar. Solche Orte sind Kommentarspalten in Nachrichtenmedien, Internetforen, Chatgruppen und viele mehr. Mit dem Darknet existiert sogar ein separates Online-Universum, das für den Zweck geschaffen wurde, gegen gesellschaftliche Regeln und im Zweifel auch gegen Gesetze zu verstoßen und seinen Nutzern dabei Anonymität zu bieten.

Leider gibt es an diesen Orten viele Menschen, welche die Internetkommunikation als Ventil betrachten und ihren Alltagsfrust und ihren emotionalen Müll in Foren und Chats abladen.

Doch natürlich gibt es auch die anderen Orte im Internet: Gruppen von Menschen, die online Gemeinschaften mit denselben Voraussetzungen bilden, die auch offline gelten würden. Bei solchen Gruppen handelt es sich zum Beispiel um Diskussionsforen wie Usenet, Themenforen wie auf Reddit und natürlich auch Teile der sozialen Netzwerke in ihrem eigentlichen Selbstverständnis als Orte des offenen Austauschs. Sie zeichnen sich dadurch aus, dass die Nutzer dort als reale Personen erkennbar und identifizierbar sind, also nicht anonym kommunizieren. Diese Orte verfügen meist über klare Regeln, zu deren Einhaltung die Nutzer gehalten sind – und zwar mit klar definierten Sanktionen im Falle eines (wiederholten oder schwerwiegenden) Verstoßes.

Dennoch ist online auch an diesen Orten immer Vorsicht geboten: Dass Regeln existieren, garantiert nicht deren Einhaltung, jedenfalls nicht in jedem Moment und unter allen Umständen. Gerade weil es im Internet leichter ist, auf einen respektvollen Umgang zu verzichten, ist die Einhaltung der Netiquette des jeweiligen Ortes der Grundstein von Freundlichkeit im Digitalen. Wer glaubt, im Netz nicht freundlich sein zu müssen, der ist es wahrscheinlich auch offline nicht – oder nur, wenn er dazu gezwungen ist, um nicht sanktioniert zu werden. Das ist nicht Freundlichkeit, das ist Opportunismus.

Im Netz zeigt sich, wer tatsächlich ein freundlicher, verantwortungsvoller Mensch ist. Das macht die Netzkommunikation zu einem so spannenden Gradmesser der Stimmung in einer Gesellschaft.

Einheitliche Netiquette für das gesamte Internet gibt es nicht. Sehr wohl aber gilt das Gebot des horizontalen Respekts – also der Überzeugung, dass alle Menschen gleichwertig und deshalb auf Augenhöhe zu behandeln sind. Mit anderen Worten: Behandle andere so, wie du selbst behandelt werden möchtest, egal ob online oder offline.

Als Anhaltspunkte für eine freundliche Netzkommunikation können einige relativ übliche Regeln gelten, die in Nutzerforen wie Usenet und anderen so oder in ähnlicher Form Verwendung finden:[77]

- Niemals vergessen, dass auf der anderen Seite ein Mensch sitzt.
- Erst lesen, dann denken, dann formulieren.
- Etwas Neues, Eigenes beitragen – nicht nur wiederkauen und auf dem herumreiten, was andere schon beigetragen haben.
- Beiträge so formulieren, dass Mutti stolz wäre (oder wenigstens Yoda).
- Auch ein Chat ist eine Art Gespräch – deshalb sollte man sich Zeit dafür nehmen.
- Beiträge so formulieren, dass das Lesen Spaß macht – also strukturiert, gut lesbar und sprachlich einigermaßen korrekt.
- Sagen, worum es geht (Betreffzeile), und möglichst schnell zum Punkt kommen.
- Achtsam mit der Zeit anderer umgehen, also: so kurz wie möglich fassen.
- Spekulationen gibt es genug im Netz – wer Fakten und Quellen hat und auch nennt, hebt sich vom Einheitsblabla ab.

- Vorsicht mit Ironie und speziellerem Humor im Allgemeinen, denn der wird online leicht missverstanden.

Mit der Einhaltung dieser Regeln ist eine gute Basis für eine zivile Internetkommunikation gelegt. Darüber hinaus funktioniert Freundlichkeit im Netz genauso wie offline.

Freundliche Menschen kotzen nicht ins Internet.

83. Nicht alles unhinterfragt teilen

Achtung, Schocker: Nicht alles, was man in den sozialen Netzwerken liest, stimmt – weil nicht jeder, der im Netz postet, seine Verantwortung ernst nimmt. In einer Zeit, in der immer mehr Absender eine große Zahl von Menschen erreichen, ist das ein Problem. Allerdings auch eines, das leicht lösbar wäre.

Viele Influencer erreichen Klickzahlen, die selbst die Druckauflagen der größten Tageszeitungen zusammengenommen übersteigen. Der Unterschied ist, dass Letztere in der Regel gründlich prüfen, was sie veröffentlichen – während manches prominente Gesicht im Netz es damit nicht immer so genau nimmt. Da kann es schon mal passieren, dass eine reine Behauptung Nachrichtenwert bekommt und Millionen von Menschen erreicht.

Manchmal frage ich mich: Sind wir uns als Absender dieser Tatsache wirklich immer bewusst?

Wenn ich in einem fiktiven Szenario zum Beispiel einen Post darüber teile, dass die Gesundheitsministerin beim

Abendessen mit einem Vorstandsvorsitzenden aus der Pharmabranche gesehen worden sein soll und ein anstehender Gesetzesentwurf darum zweifellos dessen Handschrift tragen muss, sorge ich möglicherweise bei einer riesigen Zahl von Menschen dafür, dass sie diesen Zusammenhang zumindest in Erwägung ziehen – kommt ja von mir, und mir schenkt man innerhalb meiner sozialen Blase eine gewisse Aufmerksamkeit. Mit jedem Kontakt, der diesen Post daraufhin ebenfalls teilt, potenziert sich dessen Reichweite. Sind starke Multiplikatoren darunter, geschieht das entsprechend effizient. Ich kann also auch ohne gigantische Followerzahlen schon im Alleingang dafür sorgen, dass Hunderte, Tausende und unter Umständen noch viel mehr Menschen nun etwas zu wissen glauben, das Einfluss auf ihre Meinungsbildung haben kann.

Wenn Elon Musk ein Deepfake-Video von Kamala Harris postet, in dem sie sich als unfähig für das Amt der US-Präsidentin erklärt und nicht darauf hinweist, dass es sich um eine gefälschte Aufzeichnung handelt, dann nimmt er damit in hohem Maße Einfluss auf die politische Meinungsbildung von Millionen Followern.[78] Leider gilt das nicht nur für Elon Musk, sondern für uns alle: Wir messen die Mittel manchmal eben nicht am Zweck, und schon gar nicht setzen wir uns hinreichend mit den Folgen auseinander. Dass etwas meiner Meinung entspricht, reicht eben nicht als Kriterium fürs Weiterverbreiten.

Bei Kätzchenvideos ist das kein Problem – die braucht vielleicht keiner, aber sie schaden auch niemandem. Doch wenn es um den freien Diskurs und damit um das Fundament der Demokratie geht, sollten wir etwas höhere Ansprüche haben. Sonst bekommen wir irgendwann die öffentliche Meinung, die wir verdienen.

Das Problem ist, dass wir manchmal Inhalte teilen, ohne

sie vorher zu hinterfragen. Wir dürfen diese Verantwortung nicht ignorieren: Als Postender bin ich der einzige Qualitätsfilter, der dem Internet vorgeschaltet ist. Versagt dieser Filter, versagt das Internet.

Ist das manchmal anstrengend und aufwendig? Klar. Wir können nicht jedes Thema durchrecherchieren, das gerade diskutiert wird und zu dem wir vielleicht eine Meinung haben. Doch dann müssen wir eben auch die Konsequenz haben, auf das Posten zu verzichten – und damit auf den erhofften sozialen Stellenwert, den das generiert. Der Schwarm übt auf uns einen Beteiligungsdruck aus, dem unser Verstand nicht gewachsen ist, doch wir fühlen so etwas wie einen Zwang, etwas zu bestätigen oder heftig zu widersprechen. Wer sich dessen bewusst ist, trifft bessere Entscheidungen. Zu wissen, was man nicht weiß, ziert den Influencer.

Wirklich hilfreich wäre eine freiwillige Selbstkontrolle, die sich an folgenden Fragen orientiert:

- Teile ich das wirklich für das Allgemeinwohl?
- Kann ich die Fakten wirklich beurteilen?
- Kann ich diese Botschaft verantworten?
- Braucht die Welt diese Information wirklich?
- Und braucht sie sie wirklich von mir?

Wenigstens vier dieser fünf Fragen sollte man mit Ja beantworten können, bevor man auf Teilen klickt.

Was man nicht verantworten kann, muss man auch nicht posten.

84. Den Diskurs nicht vorschnell aufgeben

Wenn die Kommunikation im Internetzeitalter ein hervorstechendes Merkmal hat, dann ist es ihre Selektivität. Früher, als wir Debatten mündlich und im Wesentlichen mit Menschen geführt haben, die wir bereits persönlich kannten, war eine einmal angestoßene Debatte gewissermaßen verpflichtend: Man stand nicht einfach auf, ging aus dem analogen Chatraum und äußerte sich nie wieder zu dem Thema. Die Ausrede »mein Netz ist gerade nicht gut« gab es damals auch nicht, man fuhr beim Diskutieren in der Regel nicht durch Tunnel (außer vielleicht zusammen im selben Zug), und in der Eckkneipe kannte einen im Zweifel sowieso jeder. Ghosting war also keine Option.

Diskutieren war früher Ehrensache, und man stand Debatten – genauso wie Beziehungen – miteinander aus, auch wenn man sich dabei manchmal an die Gurgel gehen wollte.

Heute gibt es Filterblasen, den Cancel-Button und die Blockierfunktion. Was man nicht mehr hören oder lesen will, kann man einfach wegklicken. Unglücklicherweise haben wir längst damit begonnen, diesen selektiven Umgang mit Themen und Debatten auch auf unsere Gesprächskultur außerhalb des Internets anzuwenden. Wir kommunizieren zunehmend selektiv: Was uns nicht mehr gefällt, zu viel Anstrengung kostet oder uns ein zu hohes Maß an Ambiguitätsakzeptanz und persönlichem Wachstum abverlangt, wird ausgeblendet.

Traurig ist das deshalb, weil es ohne Verbindlichkeit keinen konstruktiven Diskurs geben kann. Wie sollen die Interessen aller berücksichtigt werden, wenn manche Stimmen einfach überhört werden? Und wie sollen wir all die dramatischen Probleme lösen, vor denen wir stehen, wenn wir uns aus jedem Diskurs verabschieden, nur weil er sperrig, komplex und anstrengend werden könnte?

Meinungsunterschiede gehören zur Lösungsfindung dazu. Welche Rechte hätten Minderheiten heute, wenn sie die unerträglichen Meinungen und Anfeindungen von Mehrheiten im Zuge von jahrzehntelangen Emanzipationsprozessen nicht ausgehalten und den Kampf für gleiche Rechte aufgegeben hätten? Welchen Platz hätte sogar die Mehrheit der Bevölkerung – Frauen nämlich – heute in unserer Gesellschaft, wenn sie sich die Gleichberechtigung nicht in langwierigen, kontroversen und diskriminierenden Debatten erarbeitet hätte? Und wo wären die Männer heute, wenn die Frauen ihnen das Patriarchat gelassen hätten?

Nein, eine Gesellschaft, die nicht bereit ist, ihre Debatten durchzuziehen, wäre keine lebenswerte Gesellschaft. Wir sollten es einander wert sein, Themen auszudiskutieren. Wir schulden der Gemeinschaft einen Diskurs, um die beste Lösung zu finden.

Zur Freundlichkeit gehört die Verpflichtung, an Themen dranzubleiben, auch wenn es mal anstrengend wird.

85. Die richtigen Vorbilder auf den Schild heben

Freundliches Verhalten lernen wir von freundlichen Vorbildern – so wie wir fast alles im Leben von Menschen lernen, zu denen wir aufblicken. Eltern wissen: Kinder tun nicht, was man ihnen sagt, sondern was man ihnen vorlebt.

Das bedeutet zweierlei. Erstens: Der Grundstein für Freundlichkeit wird in jungen Jahren gelegt, endet damit aber noch längst nicht. Es ist nie zu spät, Freundlichkeit zu studieren; gerade in der Kommunikation bleiben wir lebenslang Lernende. Zweitens: Welche Vorbilder wir als Gesellschaft auf den Schild heben, hat große Auswirkungen darauf, wie wir miteinander umgehen.

Ja, ein durchsetzungsfähiger, kontroverser Typ von Fußballtrainer wie José Mourinho kann in kürzester Zeit einen Fußballverein umkrempeln, einer Mannschaft seinen Stempel aufdrücken und sie auf Erfolg trimmen. Trotz anhaltender Kritik an seinem Verhalten und häufiger, empfindlicher Strafen wird er nicht müde, Schiedsrichter und Offizielle zu kritisieren und sich anderen Spielern und Trainern gegenüber grenzwertig zu verhalten.[79]

Wenn man ihre Ergebnisse isoliert betrachtet, scheint ihre Bilanz den schlagzeilenträchtigen Krawallrhetorikern oft recht zu geben: Sind sie es nicht, die den meisten Erfolg haben und sich am Ende immer durchsetzen?

Sind sie das? Oft hat diese Sichtweise – wie so viele einseitige Thesen – nur Bestand, solange man nicht gezielt nach Gegenbeispielen sucht. Wenn der Erfolg ausbleibt, werden diese Trainer von Vereinen und Öffentlichkeit fallen gelassen wie eine heiße Kartoffel. Denn was bleibt von ihnen, wenn ihre Bilanz einmal nicht mehr stimmt?

Ganz anders stellt sich der öffentliche Umgang und das Erbe von Coaches dar, die nicht allein für die Liste ihrer Triumphe verpflichtet werden, sondern für ihren Umgang mit Spielern, Fans und Medien und ihre Kompatibilität mit einem Verein. Idole wie Ottmar Hitzfeld, Jupp Heynckes oder Carlo Ancelotti werden nicht nur für ihre Erfolge verehrt, sondern auch für ihre Freundlichkeit und die Art, wie sie einen Verein führen. Sie prägen einen Stil, der weit über den letzten Sieg hinaus wirkt und manchmal jahrzehntelang nachklingt.

Carlo Ancelotti etwa ist nicht nur subjektiv in den Augen seiner Fans, sondern auch statistisch betrachtet einer der erfolgreichsten Trainer der europäischen Vereinsgeschichte. Er hat mit seinen Mannschaften die nationalen Meisterschaften in fünf europäischen Topligen gewinnen können und ist mit vier Titeln als Trainer Rekordsieger der Champions League.[80] Auch in verschiedenen Kulturen mit unterschiedlichen Mentalitäten hat er also Mannschaften zusammenschweißen und Fans hinter sich versammeln können: Erfolg durch Resonanz statt Dissonanz.

Auch ist es keineswegs so, dass man in wettbewerbsbetonten Umfeldern wie dem Sport nur mit provokanten Ansagen und makellosen Bilanzen auf sich aufmerksam machen könnte. 2017 wurde der Waliser Matthew Rees von der Sport-Community für seine Freundlichkeit gefeiert. Beim London Marathon hatte er seine eigene Zeit geopfert, um einem taumelnden Gegner über die Ziellinie zu helfen, der kurz vor dem Zusammenbruch stand.[81] Vergleichbare Geschichten gibt es aus vielen Sportarten, und sie gehören regelmäßig zu den meistgelesenen Storys eines Sportjahres.

Barack Obama, einer der beliebtesten und politisch erfolgreichsten US-Präsidenten der jüngeren Vergangenheit, legte großen Wert auf einen freundlichen Umgang in seinem Umfeld. Zu den bekanntesten Zeugnissen seiner Präsidentschaft gehört ein Foto, das ihn auf einem Flur des Weißen Hauses beim Fist-bump mit der Reinigungskraft Lawrence Lipscomb zeigt, als er eine Sitzung eines Forums über Beschäftigung und Wirtschaftswachstum verlässt.[82] Ryan Gellert, den CEO des Bekleidungsherstellers Patagonia, kennen besonders in Deutschland viel weniger Menschen als Jeff Bezos oder Elon Musk. Dabei schafft er es, seinen Umsatz zu verdoppeln, während er seine Kunden auffordert, nur zu kaufen, was sie tatsächlich brauchen – und einen Großteil der Unternehmensgewinne in Klimaprojekte steckt.[83]

Das sind nur einige wenige von unzähligen Beispielen freundlicher Erfolgstypen. Ganz gleich, wie man Erfolg definiert – Erfolgsgeschichten, die man sich noch lange Zeit erzählt, sind immer vor allem das: Geschichten. Zahlen und Statistiken geraten irgendwann in Vergessenheit. Gute Geschichten haben immer eine menschliche Komponente.

Charisma ist Macht, verbunden mit Freundlichkeit.

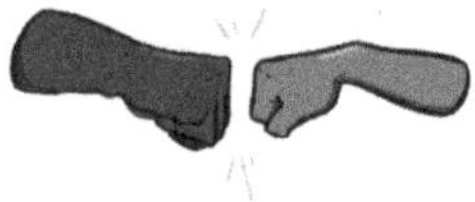

86. Unachtsamkeiten auch mal runterschlucken

Manchmal besteht die größte Freundlichkeit darin, die Unfreundlichkeit anderer unkommentiert zu lassen. Jeder kennt Situationen, in denen die Kapazität für Freundlichkeit einfach nicht mehr reicht. Es gibt Tage oder auch Phasen, da ist man so gestresst, emotional so aufgeschaukelt oder so in seine Gedanken versunken, dass man einfach vergisst, achtsam zu sein. Da rutscht einem schon mal eine unbedachte Bemerkung heraus. Auch wer sich normalerweise um einen respektvollen Umgang bemüht, kann im Moment größter Wut die Selbstkontrolle vergessen und beleidigend werden. Wer nicht weiß, was er zuerst machen soll, kann in der Hektik eine barsche Ansage machen, wo sonst eine höfliche Bitte selbstverständlich wäre. Und wer vor Trauer keinen Raum mehr für andere Emotionen hat, kann schon mal unempfänglich für die Gefühlsäußerungen anderer sein und dadurch gleichgültig wirken.

Im Zwischenmenschlichen ist Freundlichkeit eine Tugend, Perfektion aber eine Illusion.

Ob die befristete Unachtsamkeit zu einem Problem wird, können wir als Gesprächspartner in hohem Maße mitentscheiden, indem wir die Grenzen des Respekts bewusst und in Maßen ausdehnen und die Konsequenzen für Grenzüberschreitungen kurzzeitig suspendieren, bis das Gegenüber wieder Boden unter den Füßen hat.

Natürlich ist Unfreundlichkeit immer unangenehm; daran ändern auch die Umstände des anderen nichts. Doch was würde es nützen, einem Gestressten noch mehr Stress aufzubürden? Wie würde es die Kommunikation beeinflussen, einer Trauernden ins Gewissen zu reden? Wo würde es hinführen, in einer hochemotionalen Situation jedes Wort auf die Goldwaage zu legen?

Wenn meinem Gegenüber die Kraft, die Ruhe oder die Umsicht für Freundlichkeit einmal fehlt, kann ich dieses Ungleichgewicht mit freundlichem Verhalten meinerseits ausgleichen. Wenn es sich ansonsten um eine gesunde Beziehung handelt, sollte mir das nicht schwerfallen. Meist gilt: Die andere meint es nicht böse.

Die beste Art, das zu tun, ist oft Schweigen: die verletzende Bemerkung einmal nicht kontern, obwohl sie nicht in Ordnung ist. Den schroffen Umgangston einmal nicht kommentieren und die dahinter verborgene Bitte trotzdem erfüllen. Die emotionale Gleichgültigkeit als Überforderung erkennen und dem anderen als Stütze anbieten, bis er wieder die Kraft hat, auch mir wieder eine Schulter zu bieten.

Eine achtsame Person wird in der Regel ohnehin bemerken, dass sie sich unachtsam verhält. Wer Wert auf Freundlichkeit legt, wird auch wieder freundlich sein, sobald es möglich ist – und sich oft sogar im Nachhinein für sein unfreundliches Verhalten entschuldigen. Dass Beziehungen in Balance sein sollten, heißt nicht, dass diese Balance immer unmittelbar herrschen muss: Das Leben verläuft in Wellen. Freundlichkeit bedeutet auch, bereit zu sein, einander emotional aufzufangen.

Keine Beziehung muss und sollte ein dauerhaftes Ungleichgewicht in der Kommunikation dulden. Wer sich ungeachtet der Umstände alles bieten lässt, etabliert ein unheilvolles Muster, das Beziehungen schnell in eine Schieflage bringen kann, wenn es dem anderen regelmäßig an Achtsamkeit fehlt.

Auch hat Emotionsakzeptanz ihre Grenzen da, wo ich selbst verletzt werde. Unachtsamkeiten auch mal runterschlucken zu können, ist nicht dasselbe, wie sich als emotionaler Mülleimer anzubieten.

Einen schlechten Tag aber hat jeder von uns mal, genauso wie jede mal eine schwere Zeit durchmacht. Einander in diesen Phasen ein gewisses Maß an Unachtsamkeit verzeihen zu können, gehört zur hohen Schule der Freundlichkeit in Beziehungen.

Nicht jede Unachtsamkeit muss kommentiert oder sanktioniert werden.

87. Sich emotional abgrenzen

Anderen empathisch zuhören und ihren Anliegen Aufmerksamkeit schenken ist eines der obersten Gebote in der Kommunikation. Wo kein offenes Ohr ist, wird in der Regel auch keine Verständigung sein. Sich für die Gedanken und Bedürfnisse anderer im Dialog zu öffnen, ist ein Gebot des Respekts.

Dennoch hat die Offenheit ihre Grenzen – nämlich da, wo die Zuhörende ihre hat. Manche Kommunikationsanlässe, manche Themen und auch manche Gesprächspartner lösen negative Emotionen in uns aus, denen sich niemand aussetzen muss, schon gar nicht auf Dauer. Es gibt Menschen, die bei anderen ritualisiert ihren Frust und andere negative Emotionen abladen, um sich selbst besser zu fühlen. Diesen Menschen Grenzen zu setzen, ist eine Frage der Selbstachtung.

Leider ist es oft nicht so einfach getan wie gesagt. Es gibt Momente, in denen es uns selbst an Resilienz oder emotionaler Stärke fehlt, um mit der Wut oder der Enttäuschung eines anderen hilfreich umzugehen. Und es gibt auch Situationen, in denen es völlig legitim ist, die eigenen Aufmerksamkeitsreserven einzuteilen, weil sie gerade begrenzt sind.

Unter solchen Umständen ist es völlig legitim, eine Grenze zu ziehen und auch auszusprechen: »Tut mir leid, aber ich kann dir gerade nicht angemessen zuhören. Können wir später sprechen?« Auf diese Weise kann ein Gespräch pausiert werden, bis der Akku wieder aufgefüllt wurde und achtsames Gesprächsverhalten in beide Richtungen wieder zulässt.

Negativen Zeitgenossen gegenüber ist es manchmal auch ratsam, bei emotionalen Themen sachlich zu bleiben und sich nicht emotional vereinnahmen zu lassen. Ein einfaches Mittel zu diesem Zweck sind gezielte Nachfragen, welche die ungezielte Emotionsentladung (auch genannt: »Abkotzen«) wieder auf die Sachebene zurückholen: »Wenn du sagst, dir ist alles zu viel: Was genau meinst du damit?« – »Du sagst, dein Chef ist ein Tyrann: Worauf beziehst du dich?« – »Inwiefern ist Claudias Verhalten ›unerträglich‹?«

Gelingende Kommunikation ist kein Selbstläufer; die Voraussetzung für ein heilendes Gespräch ist ein heiles Ich. Wir können nur achtsam für andere sein, wenn wir selbst in guter Verfassung sind. Deshalb ist es in Ordnung, sich bei bestimmten Gelegenheiten und gegenüber bestimmten Menschen emotional abzugrenzen.

Anderen zuzuhören, ist ein Zeichen von Respekt – auf die eigenen Grenzen zu hören, ein Zeichen von Selbstrespekt.

88. Stille aushalten

Vor allem in westlichen Kulturen haben Menschen ein Problem mit dem Schweigen. Das ist schade, denn Stille kann uns zu freundlicheren, sogar zu besseren Menschen machen.

»Der schweigende Mann ist der, dem man am besten zuhören sollte«, heißt es in einem japanischen Sprichwort. Vielleicht liegt es daran, dass Japanerinnen mit durchschnittlich 8,2 Sekunden fast doppelt so lange wie Amerikaner mit 4,6 Sekunden schweigen. Auch in Skandinavien gilt es als unhöflich, jemandem über den Mund zu fahren.[84]

In westlichen Kulturen dagegen neigen wir dazu, bereits

ein extrem kurzes Schweigen als Missbilligung, Sanktion oder Ausgrenzung zu interpretieren. Deshalb sagt man lieber schnell irgendetwas, um sich sofort wieder in ein besseres Licht zu rücken. Sind wir mit viersekündigem oder längerem Schweigen konfrontiert, kann das sogar ausreichen, um die eigene Meinung zu ändern – weil man den Eindruck gewinnt, mit den eigenen Aussichten aus der Reihe getanzt zu haben und dafür mit Schweigen »gestraft« zu werden.[85]

In einer Redepause kann so viel geschehen, das wir zerstören, wenn wir sie vorschnell unterbrechen: Wir hindern das Gegenüber daran, die richtigen Worte zu finden. Wir erschweren achtsames Formulieren. Wir unterbrechen vielleicht ein inneres Ringen. Wir lärmen beim In-sich-Hineinhören dazwischen. Wir fragmentieren Erinnerungen. Wir manipulieren Wahrnehmungen. Wir unterdrücken weitere Ausführungen. Wir erschweren schwierige Themen und sensible Geständnisse.

Damit nehmen wir nicht nur Gesprächen die Tiefe, wir wirken auch unachtsam und unhöflich. Ganz nebenbei ist es unklug, Menschen keine Gelegenheit zum Reden zu geben. Denn oft erfährt man viel mehr über einen Menschen, wenn man den Mund hält und ihn sprechen lässt. Guten Zuhörern vertrauen wir nämlich eher – und die zeichnen sich unter anderem dadurch aus, dass sie schweigen können, wenn andere reden. Sie erkennen, wenn wir etwas mitzuteilen versuchen. Stille ist in Gesprächen oft eine vertrauensfördernde Maßnahme.

Es ist also nicht nur freundlicher, schweigend zu warten, während andere Menschen nachdenken und sich ihre Worte zurechtlegen – es ist auch klüger.

Außerdem ist Stille viel leichter, als unsere kulturelle Prägung uns glauben macht. Der häufigste Grund, warum wir immer dazwischenreden, ist nämlich, dass wir uns nicht zutrauen, zwischen Gedankenpausen und vorsätzlichem Schweigen zu unterscheiden. Ein Irrglaube: Tatsächlich merken wir fast immer, wann jemand ausgeredet hat – wenn wir nur lange genug still sind, um es wahrzunehmen. Und wenn man doch einmal den Einsatz verpasst, ist auch nichts passiert. Wenn die andere uns erwartungsvoll anblickt, wartet sie auf eine Reaktion – und dann ist immer noch genügend Zeit zu antworten. Mal ein paar Sekunden länger still zu sein als nötig ist immer noch besser, als andere beim Reden zu stören.

Wir machen viel in Gesprächen kaputt, indem wir alles vorwegzunehmen versuchen. Damit erreichen wir leider, dass wir dem Gespräch etwas wegnehmen.

Menschen glauben, dass man vor allem gut reden müsse, um gute Konversation zu machen. Tatsächlich macht in hohem Maße der Zuhörende das Gespräch aus. Kaum etwas wirkt unfreundlicher als ein Mensch, der jede Gelegenheit nutzt, um mit seiner nächsten großartigen Anekdote in die kleinste Sprechpause zu springen.

Gesprächspausen werden als Gesprächsstrategie massiv unterschätzt. Schon drei Minuten Stille am Tag helfen, die kognitiven Fähigkeiten zu schärfen, die Gedanken zu sortieren und mit einer ausgeglicheneren Haltung ins nächste Gespräch zu gehen.

Wer Stille aushalten kann, wirkt freundlicher und erfährt mehr über andere.

89. Schlechte Kommunikation bereuen

Leider gibt es keine perfekten Gesprächspartner – weil es keine perfekten Menschen gibt. Also kann es auch unsere Kommunikation nicht sein. Die Gründe, warum wir manchmal nicht gut zueinander sind, sind leider chronisch: Stress, Druck, Sorgen, Zeitmangel, Ablenkung, Überforderung und Unachtsamkeit gehören zum Leben dazu. Deshalb ist es auch unvermeidlich, dass sich immer wieder Gefühle wie Wut, Angst und Traurigkeit in unser Miteinander schleichen und von unseren Worten Besitz ergreifen.

Immer wieder treffen wir im Leben auf Menschen, die anders ticken als wir. Schwierige Gespräche, Missverständnisse und Überraschungen sind Teil des Zusammenlebens auch in gewachsenen Beziehungen. Man kann sie nicht verhindern, und man sollte sie keineswegs ignorieren. Sie gehören zum Leben dazu.

Freundlich zueinander sein heißt keineswegs, misslingende Kommunikation mit allen Mitteln zu vermeiden, zu vergessen oder zu vertuschen. Das ist unmöglich. Freundlich miteinander umzugehen, heißt, diese Momente aufzuarbeiten, indem man darüber nachdenkt und, wenn nötig, vielleicht auch darüber spricht.

Wenn ich meine Teilnehmer in Seminaren frage, wie wichtig ihnen Kommunikation auf einer Skala von eins bis zehn ist, höre ich fast immer überwiegend »zehn«, von den Lustigen auch mal »zwölf«. Dass vieles im Leben auf Kommunikation beruht und gute Kommunikation uns guttut, wissen wir. Wenn ich dann aber dieselben Menschen frage, wie viel sie denn in Kommunikation investieren, ernte ich verständnislose Blicke. Wir sind es nicht gewöhnt, unsere Kommunikation zu hinterfragen. Wir erwarten einfach, dass sie funktioniert.

Wer besser kommunizieren will, kann damit beginnen, schlechte Kommunikation zu bereuen – und zu hinterfragen, was beim nächsten Mal vielleicht anders laufen könnte. Gerade in den Momenten des Scheiterns können wir miteinander wachsen. Nicht die einfachen Gespräche, nicht der Small Talk, nicht die routinierte Verbaltransaktion wird zum Meilenstein, sondern das schwierige Gespräch, bei dem Wärme durch Reibung entsteht.

Die eigene Kommunikation zu hinterfragen, ist immer ein Wachstumsmoment.

90. Sich zufriedengeben können

Manchmal spüren wir, dass ein Gespräch eine Grenze erreicht hat, obwohl wir selbst eigentlich mehr davon erwartet haben. Das kann durchaus enttäuschend oder auch frustrierend sein: Warum kann mein Gegenüber mir nicht einen Schritt weiter folgen, weshalb meine Verhandlungspartnerin nicht ein kleines bisschen flexibler sein?

In solchen Momenten hilft es, sich in Erinnerung zu rufen, warum Menschen tun, was sie tun, und sagen, was sie sagen. Kaum jemand verhält sich aus reiner Bösartigkeit unkooperativ. Wenn Menschen sich durchsetzen wollen, dann in der Regel aus einem nachvollziehbaren Motiv heraus.

Wenn eine Verhandlungspartnerin sich beispielsweise in einem bestimmten Punkt unflexibel zeigt, mag das so wirken, als ob sie sich einfach sperrt und Ihnen nicht entgegenkommen will, um mehr für sich selbst herauszuholen. Wann immer wir merken, dass wir über die Beweggründe anderer für ein bestimmtes Verhalten spekulieren, empfiehlt sich ein Perspektivwechsel: Welche Erwartungshaltung könnte noch hinter der Äußerung oder hinter der Handlung stehen? »Da ist bei mir wirklich das Ende der Fahnenstange erreicht« kann in einer Verhandlung auch bedeuten: »Zu einem höheren Zugeständnis bin ich in diesem Punkt nicht autorisiert. Wenn ich dir noch weiter entgegenkomme, verliere ich meinem Vorgesetzten gegenüber das Gesicht.«

Vor diesem Hintergrund fällt es mir vielleicht leichter, in diesem Punkt nachzugeben und mich zu bemühen, an anderer Stelle einen Ausgleich zu suchen. Denn dass meine Verhandlungspartnerin ihrem Chef gegenüber ein Bedürfnis nach Anerkennung empfindet und seinen Respekt beziehungsweise sein Vertrauen nicht verlieren will, kann ich leicht nachvollziehen.

Dass die Worte und Handlungen anderer nachvollziehbar sind, heißt natürlich nicht, dass dieses Verhalten für mich immer erfreulich oder akzeptabel sein muss – doch es hilft, die Beweggründe zu verstehen und angemessen zu reagieren. Wenn ich zum Beispiel mit einer Geschäftspartnerin an einer langfristigen Beziehung interessiert bin, profitiere ich, auf weitere Sicht betrachtet, vielleicht mehr davon, mich einmal mit weniger zufriedenzugeben, als davon, meine Ansprüche mit aller Macht durchsetzen zu wollen und darüber die Beziehung zu gefährden.

Habe ich es mit einem freundlichen Gegenüber zu tun, darf ich mit demselben Entgegenkommen rechnen, wenn ich selbst einmal keinen Spielraum habe oder mir etwas wirklich wichtig ist. Freundlichkeit ist keine Einbahnstraße: Wer sie anderen vorlebt, wird sie in der Regel auch zurückbekommen. Durchsetzungsfähigkeit ist wichtig. Doch man muss nicht immer gleich einen Gesichtsverlust beim anderen provozieren.

Der Verhandlungsexperte Matthias Schranner, der früher für die Polizei gearbeitet hat, hatte es zum Beispiel öfter mit Menschen zu tun, die auf einem Dach standen und zu springen drohten. Er hat mir eine Strategie erklärt, die er in solchen Situationen einsetzte.

Das Ego der potenziellen Selbstmörderin oder des potenziellen Selbstmörders ist natürlich extrem fragil. Was den Druck verschärft: In der Regel sind die Schaulustigen schon vor der Polizei da. Unten vor dem Haus stehen also im schlimmsten Fall Menschen mit gezückten Smartphones. Selbst wenn der Mensch da oben auf dem Dach wieder zur Vernunft kommt: Wie soll sie oder er aus dieser Situation rauskommen, ohne sein Gesicht zu verlieren – sowohl dem Verhandler von der Polizei als auch den Menschen auf der Straße gegenüber?

Die Antwort: eine Feuerwehruniform, die die Polizistinnen und Polizisten laut Matthias Schranner mit sich führten. Die Verhandlerin schlägt der aufgelösten Person vor: Wenn du jetzt mit mir ins Haus kommst, gebe ich dir eine Feuerwehruniform. Dann kannst du unten als Feuerwehrmann ins Auto steigen, wir fahren hier weg und reden woanders in Ruhe. So kann der Selbstmordkandidat die Szene ohne peinliches Schaulaufen verlassen.

Statt nur auf die Verhandlungsmasse zu schauen, kann es manchmal auch sinnvoll sein, sich zu fragen: Was ist hier meine Feuerwehruniform?

Wer mit der Beziehung zufrieden ist, kann sich auch mal zufriedengeben.

91. Unrecht behalten

Einzugestehen, unrecht zu haben, fällt vielen Menschen enorm schwer. Recht zu behalten, wird in unserer Kultur als Stärke wahrgenommen; deshalb gelten auch Eigenschaften wie Durchsetzungsfähigkeit und Schlagfertigkeit als erstrebenswert. Diskussionen zu »gewinnen«, wird oft als wertvoller wahrgenommen, als zu einer beiderseitig zufriedenstellenden Einigung oder Lösung zu finden.

Doch gibt es durchaus bestimmte Situationen, in denen es wertvoll sein kann, auch einmal unrecht behalten zu können. So kommt beispielsweise in Grundsatzdiskussionen unter Eheleuten oft ein ganzer Berg an ollen Kamellen auf den Tisch, die dann in »Falsch«- und »Richtig«-Töpfchen sortiert werden, bis kein Auge mehr trocken ist: »Als ich krank war, hast du nicht mal den Abwasch gemacht.« – »Meine Mutter wartet bis heute auf eine Erklärung für deine Abwesenheit bei der Silberhochzeit.« – »Wer muss denn zufällig jedes Mal länger arbeiten, wenn der Elternabend ansteht?« Bei einem solchen Schlagabtausch gibt es nur Verlierer. Der einzige Ausweg besteht meist darin, dass einer von beiden das Muster durchbricht und den nächsten Aufschlag abtropfen lässt, statt ihn volley zu nehmen: »Stimmt, da habe ich mich blöd verhalten. Das tut mir leid. Lass uns nach einem Weg suchen, wie wir das besser organisieren können.«

Zugeständnisse fallen uns schwer, weil wir befürchten, überrumpelt und unfair behandelt zu werden. Tatsächlich kann ein kleines bisschen Nachgiebigkeit oft viel schneller dazu führen, dass die Augenhöhe in einem Gespräch wiederhergestellt wird. Denn wenn man erkennt, dass ein Dialog auf der emotionalen Ebene festgefahren ist, kann man ihn gezielt wieder auf die Ebene der Sachlichkeit zurückführen, indem man die emotionale Ebene verlässt. Dadurch wird beiden ermöglicht, wieder abzukühlen.

Oft ist diese Strategie schon deshalb wirkungsvoll, weil sie überraschend kommt: In einer hitzigen Diskussion rechnet das Gegenüber meist nicht damit, dass man plötzlich nachgibt und eingesteht, im Unrecht zu sein. Dadurch wird nicht nur die negative emotionale Dynamik durchbrochen; der andere merkt auch, dass wir es tatsächlich ernst mit ihm meinen und an einer Lösung interessiert sind. Im besten Fall sieht er sich durch das plötzliche Entgegenkommen sogar gespiegelt und beginnt, sein eigenes Gesprächsverhalten zu hinterfragen.

Das Beste an dieser Strategie aber ist, dass sie auf beiden Seiten eines Dialogs die Flexibilität erhöht. Wer bei der anderen Person eine Bereitschaft zum Entgegenkommen spürt, wird auch selbst eher zu Zugeständnissen bereit sein. Das kann die gesamte Gesprächs- und Beziehungsdynamik entzerren.

Wenn auch mal unrecht zu behalten so hilfreich sein kann, warum sind dann die inneren Widerstände gegen Zugeständnisse so hoch? Wir glauben, wenn wir in einem Punkt nachgeben, würde uns das als Zeichen der Schwäche ausgelegt und wir würden die gesamte Diskussion »verlieren«. Das Gegenteil ist der Fall: Die meisten Menschen haben großen Respekt davor, wenn man über den eigenen Schatten springen kann. Im Sport bewundern wir schließlich auch nicht die Spieler, die am besten foulen – sondern die, die sich auf faire Weise durchsetzen. Fairness ist ein Zeichen von Stärke.

Und was, wenn Sie Unrecht einräumen und Ihr Gesprächspartner danach erst recht immer weiter in dieselbe Kerbe haut? Dann wissen Sie immerhin, mit wem Sie es zu tun haben – und können daraus Ihre Schlüsse für den Rest des Gesprächs und für die Zukunft dieser Beziehung ziehen. Manchmal ist keine Lösung auch eine Lösung.

Der Freundliche gibt nach.

92. Zeit für Menschen nehmen

Von allen Hindernissen, an denen Freundlichkeit im Alltag und in unseren Beziehungen scheitert, ist Zeitmangel zweifellos das häufigste. Freundlichkeit wird manchmal innerhalb der Kommunikation als Nice-to-have unterschätzt: Kann man machen, muss man aber nicht, um von anderen zu bekommen, was man will. Warum freundlich sein, wenn man die bessere Position, die besseren Argumente, den längeren Atem hat?

So bleibt in Systemen mit hohem Innendruck oft einfach keine Zeit für Nettigkeiten: in Unternehmen, in Behörden und leider auch in Familien. Gern ruhen wir uns auf der Ausrede aus, die anderen wüssten schon, wie es gemeint sei, wenn man mal wieder kurz Anweisungen bellt und sich die Erklärung spart. Wenn man nur die Entscheidung bekannt gibt und die Begründung weglässt, wie man zu dieser Entscheidung gefunden hat. Wenn man die Pläne ändert und nicht kommuniziert, warum man dazu gezwungen war. Die anderen werden schon verstehen, werden schon ausgleichen und Geduld aufbringen.

Auf diese Weise verstreicht Zeit. Und Zeit ist so ziemlich das Einzige im Leben, das wir nicht steuern können. Wer sich keine Zeit für Freundlichkeit nimmt, dem wird sie irgendwann ausgehen. Nichts ist tragischer, als zurückzublicken und sich eingestehen zu müssen: Ich bin nicht gut zu diesem Menschen gewesen, als ich noch konnte – und nun ist er fort.

Die Ausrede für die kleinen und großen Unfreundlichkeiten des Alltags ist im Grunde immer dieselbe: Die anderen wüssten ja, wie es gemeint ist. Hab dich mal nicht so. Sei nicht so empfindlich. Mach doch einfach mal, was man dir sagt. Tatsächlich wissen die Menschen in unserer näheren Umgebung in der Regel, dass wir es nicht böse meinen. Doch gut gemeint ist in der Kommunikation noch längst nicht gut gemacht.

Jedes Mal, wenn unsere Kinder das Nachsehen gegenüber der Arbeit haben, ist das eine kleine Enttäuschung; und kleine Enttäuschungen summieren sich. Jedes Mal, wenn wir von der Partnerin Verständnis dafür erwarten, dass wir kurz angebunden sind, ist es eine kleine Vernachlässigung, und Vernachlässigung nagt am Vertrauen. Jedes Mal, wenn wir anderen eine kleine Unfreundlichkeit zumuten, bekommt unsere Selbstachtung einen kleinen Riss, und mit der Selbstachtung schwindet nach und nach auch die Achtsamkeit.

Freundlichkeit ist kein Sparguthaben, das Rendite abwirft und von selbst anwächst; Freundlichkeit muss im Umlauf sein, damit sie für uns arbeiten kann. Dafür ist Zeit eine unabdingbare Investition. Leider gehe ich selbst hier oft mit schlechtem Beispiel voran: Ich bin selbst oft nicht gut darin, mir Zeit zu nehmen.

Gute Gespräche brauchen Ruhe. Zwar muss es nicht zwingend lange dauern, jemanden bewusst wahrzunehmen und mit seinen Bedürfnissen zu respektieren. Doch Dialoge brauchen einen gewissen Anlauf, um sich zu entwickeln und zu tieferen Einsichten vorzudringen. Selbst wenn beide Gesprächspartner sich voll aufeinander einlassen, ist immer noch eine gewisse Eingewöhnung nötig, bis wir das Bewusstsein für die Bedürfnisse anderer entwickeln.

Leider tappen wir gerade in gewachsenen Beziehungen leicht in die Falle, zu glauben, wir wüssten sowieso, wie die andere tickt und was sie von uns braucht. Dieser Irrtum hat schon viele Beziehungen ins Wanken gebracht. Menschen verändern sich, Beziehungen entwickeln sich. Nur wenn wir immer wieder Zeit investieren und geliebten Menschen Aufmerksamkeit schenken, können wir sicher sein, dass unsere Gespräche noch auf Augenhöhe stattfinden und die andere Person sich gesehen fühlt.

Engere Familienbande und tiefere Freundschaften erlebt, wer sich bewusst Zeit für Gespräche nimmt – und zwar ein Leben lang. Beziehungen sind wie Pflanzen: Um zu gedeihen, brauchen sie das Sonnenlicht nicht einmal, sondern immer wieder.

Beziehungen leben von der Zeit, die man ihnen widmet.

93. Aufrichtig ist wichtiger als richtig

Einige unserer wichtigsten Gespräche versäumen wir, weil wir sie uns nicht zutrauen. Das mag paradox klingen. Doch so verständlich es sein mag, so tragisch ist es auch – denn oft sind dies genau die Gespräche, die unsere Nächsten am meisten von uns brauchen würden.

Ein Teilnehmer meiner Kommunikationstrainings erzählte eine berührende Geschichte über die Hilflosigkeit, die uns manchmal die Worte raubt. Sein Vorgesetzter kam aus dem Urlaub zurück und berichtete, dass sein Sohn sich während des Urlaubs das Leben genommen hatte. Wie kann man auf eine solche Offenbarung angemessen reagieren? Der Mitarbeiter versuchte es mit Offenheit, indem er seine Hilflosigkeit eingestand: »Ganz ehrlich: Ich weiß nicht, was ich sagen oder tun soll. Wenn Sie reden wollen, bitte. Wenn Sie nicht reden wollen, bitte. Wenn ich irgendetwas anderes tun kann, bitte.« Der Chef erwiderte: »Manchmal reicht es, einfach nur in den Arm genommen zu werden.«

Aufrichtigkeit ist nie die falsche Antwort, denn Aufrichtigkeit ist immer respektabel.

Vor einiger Zeit ist der Vater eines guten Freundes gestorben. Ich war so betrübt und fühlte so tief mit ihm, dass ich einfach nicht die richtigen Worte fand, um ihm meine Anteilnahme auszudrücken. Auch ich fühlte mich hilflos: Die richtigen Worte wollten mir einfach nicht über die Lippen kommen. Was kann man schon sagen, das der Tragweite eines solchen Erlebnisses gerecht werden könnte? Was können wir mit Worten schon ausrichten, wenn das Leben uns seine ganze Macht spüren lässt?

Eines aber können wir immer: da sein. Dafür braucht es keine richtigen Worte – und manchmal gar keine.

Irgendwann war ich verzweifelt genug, um die Suche nach dem richtigen Satz aufzugeben. Als ich mich bei meinem Freund meldete, gestand ich meine Hilflosigkeit einfach ein: »Seit einer halben Stunde suche ich nach den richtigen Worten, und ich habe sie nicht gefunden. Aber ich möchte, dass du weißt, dass ich an dich denke und du nicht allein bist.«

Die Antwort meines Freundes ließ nicht lange auf sich warten: »Genau das, René, waren die richtigen Worte.«

Aus dieser Erfahrung habe ich eine wichtige Lektion über Freundlichkeit gelernt: Manchmal kommt es im Leben nicht auf das an, was wir sagen, sondern dass wir einfach für jemanden da sind. Manchmal kann nämlich Trost genau die falsche Herangehensweise sein. Letztlich wissen wir nicht mit Sicherheit, ob das, was wir senden wollen, auch wirklich so ankommen wird, wie es beabsichtigt ist. Deshalb ist es bisweilen besser, aufrichtig zu sagen, was man denkt und fühlt, als irgendwelchen Konventionen und Etiketten zu folgen. Ein trauernder Mensch braucht keine Floskeln, er braucht Nähe. Frei nach Theodor W. Adorno: Geliebt bist du einzig da, wo du schwach dich zeigen kannst.

Manchmal trauen wir uns nicht, uns zu äußern, aus Angst, unsere Worte könnten als unpassend aufgefasst werden. Und dann verpassen wir die Möglichkeit, freundlich und für andere da zu sein. Manchmal schweigen wir, weil wir glauben, wir hätten die richtigen Worte nicht. Dabei geht es gar nicht um »richtig«. Aufrichtig ist manchmal wichtiger als richtig.

Wer seine Worte aufrichtig wählt, muss sich um ihre Richtigkeit nicht sorgen.

94. Einfach mal gehen

Es gibt Momente im Leben, wenn nichts mehr geht. Ein Gespräch kann festgefahren sein, und es hat keinen Sinn mehr, es zu erzwingen – jedenfalls nicht an diesem Tag. Eine Initiative kann auflaufen, wenn kein Fortschritt gewünscht ist – nicht in dieser Sache. Eine Beziehung kann am Ende sein, und es hilft niemandem mehr, sie retten zu wollen – nicht in diesem Leben.

Selbst Freundlichkeit kann an Grenzen stoßen, wenn sie keine Grundlage mehr findet, und kann nichts bewirken, wo kein Kontakt gewünscht ist. Freundlichkeit braucht Nähe, Bereitschaft zum Austausch, Lust am Dialog, um wirken zu können. Wo keine Liebe mehr ist, kann auch Freundlichkeit nichts mehr ändern.

In solchen Konstellationen kann der Versuch der Freundlichkeit sogar allen Beteiligten wehtun – weil er uns nur noch deutlicher vor Augen führt, was uns entzweit. Gespräche und Beziehungen lassen sich nicht erzwingen. Nähe kann zur Qual werden, wenn wir Abstand brauchen. Es mag nicht oft im Leben vorkommen, dass die Kommunikation an ihre Grenzen stößt und Worte nichts mehr bewirken können. Doch wenn es dazu kommt, ist es besser, sich einzugestehen: lieber ein Ende mit Schrecken als ein Schrecken ohne Ende.

Manchmal folgt auf den Abschied ein Wiedersehen – und manchmal nicht. Beides respektieren zu können, ist der ultimative Ausdruck von Freundlichkeit: Akzeptanz dessen, was der andere braucht.

Wenn alles gesagt ist, ist es freundlicher zu gehen.

95. Freundlichkeit ist ansteckend

Im Film *Das Glücksprinzip* mit Kevin Spacey und Haley Joel Osment wird eine Theorie versinnbildlicht, die ich als Kommunikationstrainer immer wieder bestätigt sehe: Freundlichkeit ist ansteckend.

Der Film erzählt die Geschichte eines Sozialkundeexperiments. Der elfjährige Schüler Trevor hat eine negative Haltung zum Leben: Seine Grundannahme über die Welt lautet, dass die Welt scheiße sei. Ganz verübeln kann man ihm seinen Pessimismus nicht: Bei einer alkoholkranken Mutter und ohne Vater aufgewachsen, hat Trevor keinen einfachen Start ins Leben erwischt.

Deshalb stellt sein Lehrer ihm eine besondere Aufgabe: Trevor soll sich etwas ausdenken, von dem er glaubt, dass es die Welt, wie er sie sieht, verändern könnte. Trevor beschließt, es mit einer Art Schneeballsystem der Freundlichkeit zu versuchen: Er will drei Menschen etwas Gutes tun, die ihrerseits drei weiteren Personen eine unerwartete Freundlichkeit erweisen, und immer so weiter. Auf diese Weise kann auf die Initiative eines Einzelnen hin eine Welle der Freundlichkeit in die Welt schwappen und immer größere Kreise ziehen, bis das Glück irgendwann die ganze Welt erfasst hat – so jedenfalls die Theorie.

Trevor glaubt zunächst selbst nicht so recht daran, dass die Taktik aufgehen könnte. Doch was dann geschieht, soll ihn eines Besseren belehren – und nicht nur sein eigenes Leben und seine Einstellung zu anderen Menschen von Grund auf verändern. Denn die Idee entwickelt eine unerwartete Eigendynamik, die die Erwartungen aller Beteiligten übersteigen wird.

Klingt ein wenig kitschig? Mag sein; schließlich lebt Hollywood davon, dass die Hoffnung auf ein besseres Leben und eine schönere Welt am Ende aufgeht. Allerdings tut sie es in diesem Fall auf durchaus unerwartete, tiefschürfende Art und Weise. Der Film zeigt, wie weit Menschlichkeit tragen kann – und wie komplex ein klischeebehafteter Begriff wie Glück tatsächlich ausgelegt werden kann, wenn man das Prinzip Freundlichkeit bis in die letzte Konsequenz weiterdenkt.

»Die Note ist mir egal«, sagt Trevor am Ende des Films

über das Experiment. »Ich wollte nur sehen, ob die Welt sich tatsächlich verändert.« Er hat verstanden: Man braucht keinen guten Grund, um freundlich zu sein, denn Freundlichkeit macht sich ganz von selbst bezahlt.

Im Grunde ist das die ganze Motivation, die wir für Freundlichkeit in der Kommunikation brauchen sollten: Wer wissen will, wer andere Menschen sind, welche Auswirkungen freundliches Verhalten auf unsere Beziehungen hat, inwiefern es das eigene Leben und am Ende vielleicht sogar die ganze Welt verändern kann, dem bleibt nur ein Weg, um es herauszufinden: freundlich zu anderen sein. Der Rest ergibt sich ganz von selbst.

Freundlichkeit ist nie vergebens.

Anmerkungen

1 Christiane Gelitz: Freundlichkeit ist immer gut, Spektrum.de, 19. 04. 2023, https://www.spektrum.de/news/sympathie-freundlichkeit-ist-immer-gut/2131335
2 Arnold R. Grahl: Warum Freundlichkeit wichtiger denn je ist, Rotary.
3 Eric Nestler: Ins Erbgut eingebrannt, Spektrum.de, 10. 10. 2013, https://www.spektrum.de/magazin/ins-erbgut-eingebrannt/1206740
4 Melanie Rudd & Jennifer Aaker: How to be happy by giving to others – The secret of the helper's high, Scientific American online, 08. 07. 2014, https://www.scientificamerican.com/article/how-to-be-happy-by-giving-to-others/
5 Vgl. dazu: George Lakoff/Elisabeth Wehling: Auf leisen Sohlen ins Gehirn. Politische Sprache und ihre heimliche Macht, Heidelberg 2008.
6 E. J. Boothby & V. K. Bohns: Why a simple act of kindness is not as simple as it seems: Underestimating the positive impact of our compliments on others. Personality and Social Psychology Bulletin, 47(5), 2021, S. 826–840, https://doi.org/10.1177/0146167220949003
7 Ebenda.
8 Allen, S. (2018). Why is gratitude so hard for some people? Verfügbar unter: https://greatergood.berkeley.edu/article/item/why_is_gratitude_so_hard_for_some_people [13.01.2022].
9 Steger, M., Hicks, B. M., Kashdan, T. B., Krueger, R. F. & Bouchard Jr., T. J. (2007). Genetic and environmental influences on the positive traits of the values in action classification, and biometric covariance with normal personality. Journal of Research in Personality, 41(3), 524–539.
10 Funk (2020, 15. Juli). Ein Mittel gegen Unzufriedenheit. Verfügbar unter: https://www.funk.net/channel/kurzgesagt-11090/ein-mittel-gegen-unzufriedenheit-1688131 [13.01.2022].

11 Maslow, A. H. (1954). Motivation and personality. New York 1954.
12 Seligman, M. E. P. (2014). Positive Psychology: An introduction. In: Flow and the foundations of positive psychology. Springer.
13 Nowak, M. A. & Roch, S. (2007). Upstream reciprocity and the evolution of gratitude. Proceedings. Biological Sciences, 274(1610), 605–609.
14 McCullough, M. E., Kilpatrick, S. D., Emmons, R. A. & Larson, D. B. (2001). Is gratitude a moral affect?, Psychological Bulletin, 127(2), 249–266.
15 Smith, A., Pedersen, E. J., Forster, D. E., McCullough, M. E. & Lieberman, D. (2017). Cooperation: the roles of interpersonal value and gratitude. Evolution and Human Behavior, 38(6), 695–703.
16 Solom, R., Watkins, P., McCurrach, D. & Scheibe, D. (2016). Thieves of thankfulness: traits that inhibit gratitude. The Journal of Positive Psychology, 12(2), 120–129.
17 Xiang, Y., Chao, X. & Ye, Y. (2018). Effect of gratitude on benign and malicious envy: the mediating role of social support. Frontiers in Psychiatry, 9(139).
18 Lambert, N. M., Finchman, F. D., & Stillman, T. F. (2011). Gratitude and depressive symptoms: the role of positive reframing and positive emotion. Cognition and Emotion, 26(4), 615–633.
19 Chan, D. W. (2010). Burnout and life satisfaction: does gratitude make a difference among Chinese school teachers in Hong Kong?, Educational Psychology, 31(7), 809–823.
20 The Science of Kindness, Cedars Sinai Blog, 13. 02. 2019, https://www.cedars-sinai.org/blog/science-of-kindness.html#:~:text=Kindness%20is%20chemical,bonds%20and%20trusting%20other%20people.
21 Shana Lebowitz/Weng Cheong: So funktioniert der Benjamin-Franklin-Effekt – ein psychologischer Trick, der euch beruflich und privat sympathischer macht, Business Insider, 02. 06. 2023, https://www.businessinsider.de/leben/selbstoptimierung/

benjamin-franklin-effekt-dieser-psycho-trick-macht-euch-sympathischer/

22 Sara Konrath: Six Reasons Why People Give Their Money Away, or Not, Psychology Today, 26. 11. 2017, https://www.psychologytoday.com/us/blog/the-empathy-gap/201711/six-reasons-why-people-give-their-money-away-or-not

23 Tom Postmes, E-Mail an Bregmann, 9. 12. 2016, zitiert nach: Rutger Bregmann: Im Grunde gut – Eine neue Geschichte der Menschheit, Hamburg 2021.

24 Frans de Waal: Der Mensch, der Bonobo und die Zehn Gebote. Moral ist älter als Religion, Klett-Cotta 2015, S. 32.

25 Clayton Critcher/David Dunning: No Good Deed Goes Unquestioned: Cynical Reconstruals Maintain Belief in the Power of Self-interest, Journal of Experimental Social Psychology, Vol. 47, Issue 6/2011, S. 1212.

26 Dan Buettner/Sam Skemp: Blue Zones – Lessons From the World's Longest Lived, PubMed, DOI: 10.1177/1559827616637066, 07. 07. 2016, https://pubmed.ncbi.nlm.nih.gov/30202288/

27 Ebenda, S. 66.

28 Deutsche Vereinigung für Gestalttherapie e. V. (DVG): Was ist Gestalttherapie? Website der DVG, abgerufen am 06. 07. 2021, https://www.dvg-gestalt.de/was-ist-gestalttherapie/

29 Stichwort: Awareness, in: Stefan Blankertz/Erhard Doubrawa: Lexikon der Gestalttherapie, gikPRESS, Köln/Kassel 2017, http://www.gestalttherapie-lexikon.de/awareness.htm

30 Jens Corssen/Stephanie Ehrenschwendner: Das Corssen-Prinzip: Die vier Werkzeuge für ein freudvolles Leben, München 2016.

31 https://www.randomactsofkindness.org

32 Duzen oder Siezen? Duden online, abgerufen am 02. 04. 2024, https://www.duden.de/sprachwissen/sprachratgeber/Duzen-oder-Siezen

33 Brandeins 12/2018, Schwerpunkt Nähe und Distanz, https://www.brandeins.de/products/brand-eins-12-2018-app

34 Duzen oder Siezen? Duden online, abgerufen am 02. 04. 2024,

https://www.duden.de/sprachwissen/sprachratgeber/Duzen-oder-Siezen

35 Uwe P. Kanning et al.: Siezen Sie noch oder duzt du schon? Personalmagazin 9/2019, S. 76–78.

36 Adams, M. G., Schiller, M. and Cooperrider, D. L. (2004), »WITH OUR QUESTIONS WE MAKE THE WORLD«, Cooperrider, D. L. and Avital, M. (Ed.) Constructive Discourse and Human Organization (Advances in Appreciative Inquiry, Vol. 1), Emerald Group Publishing Limited, Bingley, S. 105–124. https://doi.org/10.1016/S1475-9152(04)01005-1

37 M. G. Adams et al.: Change Your Questions, Change Your Life Workbook, Oakland (Ca.) 2022, S. 25 f.

38 Ebenda, S. 25.

39 Douglas Stone et al.: Difficult Conversations – How To Discuss What Matters Most, New York 2023, S. 26.

40 Ebenda, S. 28.

41 Ebenda, S. 31 ff.

42 Angelehnt an: Ebenda, Kap. 8.

43 Ebenda, S. 47.

44 Ebenda, S. 49.

45 Ebenda, S. 54.

46 Günter Pursch: Sanierungsfall Deutschland – Bundestag verabschiedet Haushalt 2006 mit halbjähriger Verspätung, Archiv des Bundestags, https://webarchiv.bundestag.de/archive/2010/0203/dasparlament/2006/26/Titelseite/001.html

47 Ralph G. Nichols/Leonard A. Stevens: Are You Listening? The Science of Improving Your Listening Ability For A Better Understanding of People, New York 1957, Kap. 1.

48 Angelehnt an: Ebenda, Kap. 3.

49 Gian Domenico Borasio: »Sprechende Medizin« – Hört zu! ZEIT online, 03. 01. 2020, https://www.zeit.de/2020/02/sprechende-medizin-aerzte-patienten-reden-zuhoeren

50 G. Weißflog et al: Patientenzufriedenheit in der onkologischen Nachsorge – differentielle Befunde zur Geschlechtsspezifik in Arzt-Patient-Dyaden, Das Gesundheitswesen 2014, S. 306–311

51 Ebenda.

52 Ebenda, S. 188 f.

53 C. Derber: The pursuit of attention – power and Individualism in everyday life, G. K. Hall, Boston 1979.

54 Anita L. Vangelisti et al.: Conversational Narcissism, in: Communication Monographs, Band 57, Dezember 1990.

55 Kate Murphy: Immer auf Sendung, München S. 190 f.

56 Claudia Hammond: Ten things we learned from the world's largest study of kindness, aus: BBC Radio 4, The anatomy of kindness, https://www.bbc.co.uk/programmes/articles/2zcD7zvfnkj6MKDgfhyTCBT/ten-things-we-learned-from-the-world-s-largest-study-of-kindness#:~:text=People%20who%20took%20part%20in,unprecedented%20time%20made%20people%20kinder

57 H. T. Reis & P. R. Shaver: Intimacy as an interpersonal process, in: S. Duck (Hrsg.): Handbook of Personal Relationships, Hoboken (New Jersey) 1988, S. 367–389

58 Susan Krauss Whitbourne: 10 Qualities of Great Listeners, Psychology Today, 18. Dezember 2021, https://www.psychologytoday.com/gb/blog/fulfillment-any-age/202112/10-qualities-great-listeners

59 In: Gregory Bateson: Ökologie des Geistes, Frankfurt a. M. 1981.

60 Paul Watzlawick: Die Axiome von Paul Watzlawick, https://www.paulwatzlawick.de/axiome.html, abgerufen am 27. 07. 2021.

61 Friedemann Schulz von Thun: Miteinander reden: 1. Störungen und Klärungen, Reinbek 2010.

62 Daniela Liebich: Mit Kindern sprechen – Die richtigen Worte finden, Kizz online, 09. 10. 2014, https://www.herder.de/kizz/kinderentwicklung-erziehung/mit-kindern-sprechen-die-richtigen-worte-finden/

63 Laswell-Formel, in: Spektrum Lexikon der Psychologie, https://www.spektrum.de/lexikon/psychologie/laswell-formel/8540, abgerufen am 20. 01. 2022.

64 Malte Buhse: Die besten Waffen gegen Rechtsradikale, Handelsblatt online, 15. 08. 2012, https://www.handelsblatt.com/

politik/konjunktur/wissenswert-die-besten-waffen-gegen-rechtsradikale/6966248.html

65 Collins et al.: Relational diversity in social portfolio predicts well-being, 2018, https://doi.org/10.1073/pnas.2120668119

66 Zitiert nach: Marleen Stoessel: Gastfreundschaft – ein Kulturerbe der Menschheit, Deutschlandfunk online, 03. 12. 2017, https://www.deutschlandfunk.de/das-verhaeltnis-zum-fremden-gastfreundschaft-ein-kulturerbe-100.html

67 Immanuel Kant: Zum ewigen Frieden. Ein philosophischer Entwurf, Königsberg 1796 (neue, vermehrte Auflage), https://www.google.de/books/edition/Zum_ewigen_Frieden/iiUBAAAAcAAJ?hl=de&gbpv=1&pg=PA3&printsec=frontcover

68 Zitiert nach: Marleen Stoessel: Gastfreundschaft – ein Kulturerbe der Menschheit, Deutschlandfunk online, 03. 12. 2017, https://www.deutschlandfunk.de/das-verhaeltnis-zum-fremden-gastfreundschaft-ein-kulturerbe-100.html

69 Arthur Aron et al.: The Experimental Generation of Interpersonal Closeness: A Procedure and Some Preliminary Findings, in: Personality and Social Psychology Bulletin, 23(4) 1997, S. 363–377, https://doi.org/10.1177/0146167297234003

70 Barbara Pizziconi: Stereotyping Communicative Styles In And Out Of The Language And Culture Classroom: Japanese Indirectness, Ambiguity and Vagueness, S. 223, https://core.ac.uk/download/pdf/2790236.pdf

71 Indirect Communication in Japanese Culture, KCP International Japanese Language School, 19. 05. 2021, https://core.ac.uk/download/pdf/2790236.pdf

72 René Borbonus: Unterschiede verstehen: Aufhören, aneinander vorbeizureden, in: Klarheit – Der Schlüssel zur besseren Kommunikation, Berlin 2015, S. 199 ff.

73 Tabu, in: Duden Wörterbuch online, abgerufen am 25. 04. 2024, https://www.duden.de/rechtschreibung/Tabu

74 Karolina Zolubak: Tabu – Herkunft und Rezeption, Europa-Universität Viadrina, Kulturwissenschaftliche Fakultät, 12. 07. 2007, https://www.kuwi.europa-uni.de/de/lehrstuhl/ehemalige_professoren/sw2/forschung/tabu/herkunft/index.html

75 Ebenda.
76 Allport G. W.: The Nature of Prejudice, 1954, Reading, MA, Boston.
77 Angelehnt an: Andreas M. Kirchwitz et al.: Die Netiquette, in: Archiv de-newusers, http://www.kirchwitz.de/~amk/dni/netiquette
78 Ohne Kennzeichnung der Manipulation – Elon Musk teilt Deepfake-Video zu Kamala Harris, Tagesspiegel online, 29. 07. 2024, https://www.tagesspiegel.de/internationales/ohne-kennzeichnung-der-manipulation-elon-musk-teilt-deepfake-video-zu-kamala-harris-12109496.html
79 José Mourinho, in: Wikipedia, abgerufen am 03. 05. 2024, https://de.wikipedia.org/wiki/José_Mourinho#Öffentliches_Auftreten
80 Carlo Ancelotti, in: Wikpedia, abgerufen am 03. 05. 2024, https://de.wikipedia.org/wiki/Carlo_Ancelotti
81 Läufer hilft taumelndem Konkurrenten ins Ziel, Spiegel online, 24. 04. 2017, https://www.spiegel.de/panorama/london-marathon-laeufer-hilft-taumelndem-konkurrenten-ins-ziel-a-1144519.html
82 President Barack Obama fist-bumps custodian, The White House President Barack Obama (Archiv), abgerufen am 03. 05. 2024, https://obamawhitehouse.archives.gov/photos-and-video/photo/2012/08/president-barack-obama-fist-bumps-custodian
83 Patagonia-Chef Ryan Gellert im Interview: »Wir wollen die Grenzen des Kapitalismus ausloten«, Tagesspiegel online, 12. 11. 2023, https://www.tagesspiegel.de/gesellschaft/patagonia-chef-ryan-gellert-im-interview-wir-wollen-die-grenzen-des-kapitalismus-ausloten-10762321.html#:~:text=Ryan%20Gellert%2C%2051%2C%20ist%20seit,führenden%20Hersteller%20von%20Outdoor%2DKleidung.
84 Kate Murphy: Immer auf Sendung … Nie auf Empfang: Warum einander endlich zuhören müssen, Mosaik Verlag 2021, S. 252.
85 Ebenda, S. 253.

Relevanz bestimmt den Wert jeder Information

Es gibt immer mehr Kommunikation, aber immer weniger davon kommt an. Seit wir auf mehr Kanälen kommunizieren, als wir Sinne haben, wird es immer schwieriger, überhaupt noch zu Menschen durchzudringen. Und gleichzeitig wird es immer wichtiger, dass es uns gelingt. Relevante Kommunikation ist der Kitt in den Fugen unserer Welt. Relevanz ist die kurze Antwort auf alles. Sie stellt eine Verbindung mit anderen Menschen her, die lange nachklingt. Kommunikation ist Leben. Relevante Kommunikation verleiht dem Leben Relevanz.

René Borbonus

Relevanz

Was, warum, wann, für wen wichtig wird

Hardcover mit Schutzumschlag
Auch als E-Book erhältlich
www.ullstein.de

Econ